생각이 많아 우울한 걸까,
우울해서 생각이 많은 걸까?

생각이 많아 우울한 걸까,
우울해서 생각이 많은 걸까?

How to stop overthinking

피아 칼리슨 지음 · 이현주 옮김

"마음은 이미 스스로
조절할 힘을 갖고 있습니다."

계속해서 반복되는
생각의 굴레에 대하여

필름

일러두기

심한 우울증으로 고통받고 있는 사람이라면 반드시 의학적 도움을 받아야 한다. 이 책에서 소개하는 훈련만으로는 우울증을 완벽하게 치유할 수 없다. 이 책이 MCT-I 인증을 받은 병원이나 치료사를 통해 받는 메타인지치료를 대신할 수 없지만, 당신이 어두운 생각과 우울증에서 벗어나는 데 도움이 될 몇 가지 영감과 방안을 제시해 줄 수 있을 것이다.

모든 사람이 부정적인 생각을 하고
가끔 그 부정적인 생각을 믿기도 하지만
모두가 우울증이나 정서적 고통을 겪는 것은 아니다.

에이드리안 웰스

더 효과적인 증거 중심의 심리치료법이 필요한 때이다. 이 책에서 피아 칼리슨 박사는 자신의 상담센터에서 메타인지치료^{MCT}를 어떻게 활용하는지 소개한다. 칼리슨 박사는 메타인지치료연구소(www.mct-institute.com)에서 학위를 받았으며 내 지도 아래 맨체스터대학교에서 박사 과정을 이수했다. 그녀는 우울증을 앓는 사람들을 대상으로 인지행동치료와 비교하여 메타인지치료의 효과를 입증하는 중요한 연구를 진행했다.

이 책은 메타인지치료를 완수한 내담자들의 경험을 풍부하게 소개함으로써 독자들이 메타인지치료의 전반적인 개요를 알게 해준다. 우울증 때문에 새로운 치료법을 고려 중인 사람들뿐만 아니라 메타인지치료의 핵심 원리를 알고 싶은 모든 사람들에게 귀중한 자료가 될 것이다.

메타인지치료는 사람이 생각을 어떻게 조절하는지와 연관이 있다. 삶이 편하든, 그렇지 않든 우울증을 유발하는 사고 패턴을 줄이는 방법을 배울 수 있다. 이 치료법은 나와 동료가 1994년에 제시한 심리학적 연구와 이론을 기반으로 한다. 그 연구에서 우리는 당시로써는 급진적인 주장을 펼쳤다. 연구 결과를 바탕으로 우리는 대부분의 불안과 우울증 문제는 각자의 근원적인(메타인지) 신념체계와 연결된 사고 패턴에 의한 것이라는 사실을 발견했다. 만약 그 사고 패턴을 제거하고 신념체계를 바꿀 수 있다면 더 효과적인 결과를 내는 새로운 치료법을 개발할 수 있을지도 몰랐다. 몇 년간의 연구와 실험을 통해 나는 메타인지치료를 개발했고 이 접근법을 뒷받침하는 대량의 데이터가 축적되었다.

칼리슨 박사의 책이 우울증으로 고통받는 사람들에게 동기를 부여하고 치료사들이 메타인지치료에 대해 더 알고 싶은 마음을 갖게 해준다면, 이 책의 목적은 달성되었다고 믿는다. 이 책을 통해 우울증으로 인한 고통에서 벗어날 수 있다는 희망과 그 방향을 보았다면 그것으로 성공이다.

영국 맨체스터대학교 교수

에이드리안 웰스 Adrian Wells

수십 년 동안 저명한 심리치료사들은 우울증을 뇌의 생물학적 질병으로 보고 우울증의 증상이 주로 신경전달물질인 세로토닌의 결핍 때문에 발생한다고 확고히 믿어왔다. 그래서 지금까지 많은 치료사들이 우울 증상을 보이는 환자들에게 가장 먼저 '정신안정제happy pills'라고 부르는 약물을 처방했다. 대화 치료에 능통한 심리학자나 심리치료사에게 상담을 받아보길 권유하기도 한다. 이런 상담의 목적은 대부분 환자가 가진 문제나 트라우마를 알아차리고 그것을 이해하면서 부정적인 생각을 더 긍정적이고 현실적인 생각으로 바꾸는 것이다.

하지만 획기적이고 새로운 연구를 통해 우울증은 대체로 개인이 통제할 수 있는 질환이라는 사실이 밝혀졌다. 내가 맨체스터대학교 박사학위를 위해 2016년 말에 완료한 연구를 포함한 여러 연구 결과에 따르면, 우울증은 우리가 부정적인 생각이나 감정을 부적절한 방식으로 처리할 때 발생하기 때문에 부정적인 생각과 감정을 더 적절한 방식으로 다루는 방법을 배운다면 우울감이나 우울증의 위험을 줄일 수 있다.

나는 이 책에서 우울증을 우리가 통제할 수도, 영향력을 발휘할 수도 없는 문제로 여기던 오래된 해석과는 다른 방향을 제시한다. 또한 일 년 내내 받아야 하는 상담 치료와 약물치료 같은 오래된 치료 방식 대신에 최근에 등장한 메타인지치료라고 부르는 아주 효과적인 치료법을 소개한다.

영국의 심리학자이자 맨체스터대학교 교수인 에이드리안 웰스는 25년간 왜 우리 중 일부의 사람들만 우울증을 포함한 정신 질환을 앓게 되는지 연구한 끝에 메타인지치료법을 개발했다. 웰스가 소개한 이 치료법에서 그는 우리를 우울하게 하는 것은 고통이나 사고, 슬픈 감정, 부정적인 생각이 아니라고 밝혔다. 오히려 우리를 우울하게 만드는 것은 각자가 생각을 다루는 방식이다. 매일 몇 시간씩 똑같은 생각을 한다면 생각을 있는 그대로 관찰하고 흘려보낼 때보다 우울증이 발생할 확률이 높아진다.

웰스는 왜 어떤 사람들은 다른 사람들보다 더 자주 반추하는지에 대한 근본적 이유 세 가지를 발견했다. 첫째,

그들은 똑같은 생각을 곱씹고 있다는 사실을 인지하지 못한다. 둘째, 그들은 이렇게 생각을 되풀이하는 습관을 스스로 통제할 수 없다고 믿는다. 셋째, 곰곰이 생각하는 것이 자신에게 도움이 된다고 확신한다. 하지만 우리가 행복한지 아닌지 끊임없이 의식하고 우리가 하는 여러 일들이 잘 진행되고 있는지 확인하다 보면 슬픔이나 피곤함 같은 우울 증상이 지속되는 늪에 빠지게 된다. 아무리 긍정적이고 이성적으로 생각하기 위한 경우나 자기 자신을 위해서 고민하는 경우라도 마찬가지다. 반추하는 습관은 더 많은 생각을 불러일으킨다. 웰스가 말한 것처럼 생각을 지나치게 많이 해서 생기는 문제는 생각을 더 많이 하는 것이 아니라 그것에 관해 덜 생각해야만 극복할 수 있다. 메타인지치료는 이런 그의 연구에서부터 시작되었다.

나는 2000년대 초부터 심리치료사로 일했는데, 첫 십 년 동안은 세계에서 가장 검증된 치료 방법의 하나인 전통적 인지행동치료[CBT]가 주를 이뤘다. 인지치료는 생각이 우리 행복의 중심이 되므로 우울과 불안을 극복하기 위해서 생각을 다시 되짚어보고 변화시켜야 한다는 개념에 기반을 두고 있다.

그러나 메타인지치료와 에이드리안 웰스를 알게 된 후

정신 질환에 대한 나의 인식은 급진적으로 바뀌었다. 메타인지치료를 받은 수백 명의 내담자의 사례연구를 살펴보니 지난 십 년간 믿어온 것과 다르게 정신 질환의 원인은 유전자나 환경, 부정적인 생각이 아닌 게 분명했다. 웰스가 설명한 것처럼 원인은 정신적·행동적 전략에 문제가 있어서다. 우리는 생각과 믿음을 부적절한 방식으로 다루기 때문에 우울해진다. 그러므로 우울증은 우리가 어쩔 수 없이 감당해야만 하는 질병이 아니다.

이 사실을 깨닫자 내 머릿속에 여러 생각이 쓰나미처럼 밀려왔다. '내가 진즉 이 사실을 알았다면 지난 몇 년 동안 나를 찾아온 내담자들에게 더 큰 도움을 줄 수 있지 않았을까?' 많은 내담자들이 인지치료로도 효과를 얻었지만, 이제 메타인지치료법을 활용하면 치료 기간을 단축할 뿐만 아니라 치료 효과도 상당히 증가시킬 수 있게 되었다.

웰스 박사와 메타인지치료에 대해 알게 되고 얼마 지나지 않아 나는 개인적으로 치료의 도움을 받게 되었다. 나와 남편이 어린 아들을 막 낳았을 때 의사들은 아들 루이가 간질 발작을 일으키는 드문 유전적 결함을 갖고 태어났다는 좋지 않은 소식을 전했다. 발작 문제를 해결하지 못하면 아들의 뇌가 손상될 수 있는 상황이었다. 나는 이 소식을 듣자마자 가슴이 철렁 내려앉고 슬픔에 잠겼으며 온갖 생각이 꼬리에 꼬리를 물고 머릿속을 떠나지 않았다. 루이는 어떻게 되는 걸까? 만약 루이가 심각한 뇌 손상을 입는다면 나와 남편은 앞으로 어떻게 해야 할까? 우리의 모든 꿈과 희망은?

나는 아들의 유전적 결함에 대한 내용이라면 하나라도 놓치고 싶지 않았으므로 의사들에게 물어보는 것뿐만 아니라 직접 조사를 하고 싶은 마음이 굴뚝같았다. 나는 슈퍼맘이자 문제해결사, 이 분야의 전문가가 되고 싶었다. 하지만 메타인지치료에 대해 알게 된 덕분에 나는 이런저런 생각에 너무 깊이 빠지지 않을 수 있었다. 해결책을 찾고 루이를 치료하는 데 모든 힘을 쏟는 건 내가 아니라 의사들의 몫이었다. 나는 우울한 상태가 되도록 내버려 두지 않기로 했다. 루이를 지켜주는 엄마이자 남편에게 버팀목이 되어주는 아내가 되기로 결심했다.

나는 하루 종일 떠오르는 수많은 생각과 질문을 내버려 두기로 했다. 깊은 사색에 빠지고 반추할 수 있는 시간을 오후 5시부터 6시까지로 정해놓았다. 동료 중 한 명이 얘기한 것처럼 그것은 마치 종일 입 안에 풍선껌을 물고 있지만 5시에만 씹을 수 있는 것과 비슷하다. 물론 쉬운 일은 아니다. 생각을 잠시 덮어두고 삶의 다른 관심사로 주의를 옮기려는 의지와 인내심, 자각심이 있어야 한다. 그러나 나는 이 기회를 통해 메타인지치료가 얼마나 효과적인지 직접 경험했고 나와 남편, 루이는 아무도 다치지 않고 이 위기를 극복했다.

이 책을 읽는 독자들에게 바라는 점이 있다면 내가 그랬던 것처럼 우울증을 발생시키거나 지속되게 하는 버릇을 통제할 수 있다는 걸 깨닫는 것이다. 이 책을 통해 메타인지치료법을 단계별로 설명하고 내가 진료실에서 이 방법들을 어떻게 활용하는지, 내담자들이 메타인지 원리를 그들의 삶에 적용하는 데 도움이 될 만한 팁을 소개한다.

이 책이 메타인지치료를 대신할 수는 없다. 만약 극심한 우울증을 앓고 있는 사람이라면 자신에게 가장 적합한 치료를 받기 위해 즉시 의사의 도움을 받길 바란다. 극심한 우울증에 메타인지치료가 도움이 될 수 있다. 여러 사람을 대상으로 진행한 실험에서 메타인지치료의 한 부분인 주의훈련attention training만으로도 극심한 우울증의 증상을 상당히 완화할 수 있는 것으로 드러났다(3장을 참고하자).

이 책에 나오는 나타샤와 메테, 레이프, 베릿은 인생의 심각한 위기를 겪은 후 끊임없는 부정적인 생각과 감정으로 우울증을 앓았다. 이 네 명은 자신의 문제뿐만 아니라 그들이 어떻게 낙담하고 우울해졌는지, 메타인지치료를 통해 어떻게 생각이나 감정과 새로운 관계를 맺고 우울증에서 벗어났는지 공유한다.

메타인지치료는 당신을 인생의 위기로부터 보호해주는 장치는 아니지만, 자기도 모르게 지나치게 깊은 생각에 빠지는 행위를 통제하고 삶의 다른 면에 주의를 집중하게 해주는 도구가 될 수 있다. 그때 우리는 우울증을 극복하고 진짜 삶을 살 게 되는 것이다.

피아 칼리슨 Pia Callesen

Contents

Part 1

머릿속이 늘 복잡하다면

'우울증에 시달리다$^{\text{to be hit by depression}}$'라는 표현을 들어본 적 있는가? 이렇게 말하면 깜짝 놀랄 수도 있지만, 우리는 우울증에 타격받지$^{\text{hit by}}$ 않는다. 우울증은 외부에서 오는 것이 아니라 우리 자신이 불러일으키는 것이기 때문이다. 그러므로 우리가 마음만 먹으면 직접 우울증에 맞서 싸울 수 있다. 또한 우울한 생각이 우리를 장악하지 않게 우리가 주도권을 잡을 수 있다.

이런 사실이 믿기 힘들지도 모른다. 대부분 사람들은 우울증이 정서적 위기나 뇌에 있는 화학물질의 불균형 때문에 발생하는 질환으로 알고 있다. 이러한 전제에서는 우리가 우울증을 피할 방법이 없고, 우리가 바꿀 수 있는 일도 없다. 우리가 상황에 어떻게 대처하는지와 관계없이 우울증은 상황에 따라 발생하는 것으로 생각할 수 있다.

이것이 오래전부터 전해지는 확고한 의견이지만, 새로운 연구 결과는 완전히 반대되는 사실을 보여준다. 모든 사람은 살면서 몸과 영혼에 상처를 입는다. 위기와 패배, 아픔, 실망 등을 경험한다. 그리고 고통, 비탄, 두려움, 슬픔, 좌절, 분노도 느낀다. 하지만 그렇다고 모두가 우울증을 겪는 건 아니다. 그 이유는 무엇일까? 답은 우리가 위기에 직면하거나 부정적인 생각이 들 때 사용하는 전략에 있다. 부적절한 전략을 쓰면 곧장 우울한 기운에 빠지지만, 적절한 전략을 활용하면 우울에서 벗어날 수도 있다. 우리는 이런 전략을 배워 도움을 얻어야 하는데, 이 전략이 바로 메타인지치료metacognitive therapy다.

내가 내담자들에게 본인이 책임감을 갖고 우울 증세를 완화해야 한다고 말하면 일부는 큰 부담감을 느끼며 "그럼 이제 상태가 나아지는 건 오롯이 저에게 달린 건가요?"라고 묻는다. 처음에는 이것이 힘들게 느껴지는 게 당연하다. 그러나 한 가지 확실한 점은 적절한 도움만 받으면 당신도 분명히 할 수 있다는 것이다. 이 책에서 나타샤, 메테, 레이프, 베릿의 이야기를 소개할 텐데, 그들

은 6~12회의 메타인지치료를 받은 후 우울증에서 벗어
났다.

메타인지치료를 시작으로 우리는 마침내 우울증 치
료를 위해 어린 시절의 경험을 얘기해야 한다고 믿는 아
주 오래된 프로이트 정신분석의 잔재를 떨쳐냈다. 그리고
우울증을 앓는 사람이 갖는 부정적인 생각을 미묘하게
더 현실적인 생각으로 변화시키려는 인지치료에도 이의
를 제기한다. 어린 시절을 희생양으로 삼거나 부정적인 생
각을 긍정적인 생각으로 바꾸지 않는 메타인지치료는 심
리학 패러다임에 획기적인 변화를 가져왔다. 이 치료법을
활용한다면 우울증에서 벗어나기 위해 더 이상 끊임없이
자기분석을 하지 않아도 된다. 메타인지치료는 생각과 감
정에 대해 더 많이 생각하는 것이 아니라 덜 생각하는 것
을 바탕으로 한다.

따라서 다른 형태의 치료에 참여했던 사람들은 메타
인지치료를 기존 치료 형태와 '반대'된다고 여길 수도 있
다. 상담을 받으러 갈 때 사람들은 각자의 문제를 받아들
이고 감정에 대해 자세히 털어놓아야만 상태가 호전될 것
으로 생각하기 때문이다.

메타인지치료는 지나치게 많은 생각과 감정을 처리할

때 우울증의 증상이 일어난다는 전제에서 시작한다. 우리가 하루에도 몇 시간씩 부정적인 경험이나 감정에 대해 생각하고, 얘기하고, 처리하고, 분석할 뿐만 아니라 정서 문제에 대한 해결책을 찾으려 애쓴다면, 우리 자신을 우울한 상태로 몰아넣을 위험이 커진다. 우울증 증상을 경험하거나 우울한 상태에 빠질 때 우리는 더 많은 것을 오래 곱씹게 되고 우울증에 대해 더 깊이 분석하고 사고하면서 이런 상태는 더 오래 유지될 수 있다.

생각을 관리하는 가장 효과적인 방법

오늘날 메타인지치료는 우울증 치료에 놀라운 효과를 입증하며 세계적으로 관심을 받고 있다. 영국 국민보험공단 National Health Service 은 일반적인 불안 증세의 치료법 중 하나로 메타인지치료를 지침으로 삼고 있다. 곧 더 많은 국가에서도 우울증이나 불안 장애의 치료법으로 메타인지치료를 권고하게 될 것이다.

사실 내가 메타인지치료 분야에서 임상 연구를 진행해야겠다고 결심한 것은 다른 연구원들과 심리학자들이 보여준 긍정적인 연구 결과 덕분이었다. 나는 메타인지치료를 받은 70~80퍼센트의 사람들이 불안이나 우울증에서 회복되었다는 에이드리안 웰스 교수의 연구에 큰 영감을 받았다. 이는 인지치료를 포함한 다른 치료법들보다 훨씬 높은 회복률이다.

그러나 이 긍정적인 결과는 주로 소규모 연구와 실험으로 얻은 것이었다. 나는 메타인지치료가 내 상담센터의 표적 집단에 적용했을 때도 이렇게 좋은 결과를 낼 수 있을지 궁금했다. 그래서 나는 박사학위 프로젝트를 시작하기 위해 웰스 교수에게 편지를 썼다. 우리는 내 상담센터에 도움을 구하러 온 내담자들과 함께 이른바 유효성 실험을 진행하기 위한 계획을 세웠다. 즉, 나는 메타인지치료의 직접적인 효과를 살펴볼 계획이었다.

우선, 우울증 치료법의 효과에 대한 모든 연구를 체계적으로 검토했다. 이 과정을 통해 내담자의 생각이나 현재 생활환경, 타인과의 관계 등에 중점을 둔 인지치료와 다른 치료법들을 활용했을 때는 약 50퍼센트의 내담자가 우울증에서 벗어났다는 사실을 발견했다. 나머지 50퍼센트의 내담자는 그렇다 할 좋은 결과를 얻지 못했다.

그리고 나는 웰스 박사가 얻은 놀라운 성과를 덴마크

인에게서도 얻을 수 있을지 연구해보기로 했다. 처음에는 일대일 실험으로 시작한 후, 이후에 대규모의 무작위 실험으로 실시되었다. 내담자들에게 나타나는 효과가 단지 시간의 경과에 따른 것이 아님을 입증하기 위해 그들이 치료를 받기 몇 주 전부터 참가자들의 우울 정도를 측정했다. 나는 동료와 함께 에이드리안 웰스 박사의 감독하에 우울증으로 고통받는 네 명의 덴마크인에게 메타인지 치료를 시행했다.

네 명의 참가자들은 처음에 우울증이 심각한 상태였다. 5~11회의 메타인지치료를 받은 후 세 명은 우울증에서 회복했고 한 명은 가벼운 우울증 증상을 보였다. 6개월 후 네 명의 참가자들은 치료 효과를 유지하며 모두 우울증에서 벗어났다. 실험 결과는 놀라웠고 이 실험은 현재 《스칸디나비안 심리학 저널 Scandinavian Journal of Psychology》에 실렸다.

일대일 실험을 마친 후 나는 6년에 걸쳐 우울증을 앓는 174명의 덴마크인을 대상으로 대규모 연구를 진행했다. 이들은 무작위로 두 집단으로 나뉘어 한 집단은 인지 치료를 받고, 다른 집단은 메타인지치료를 받았다. 연구 결과는 예상한 대로였다. 메타인지치료가 단기적으로나 장기적으로 훨씬 효과적이었다. 치료가 끝날 때 메타인지 치료를 받은 환자의 74퍼센트는 무증상인 반면, 인지치료를 받은 환자는 무증상 상태가 52퍼센트에 불과했다. 치료가 끝난 지 6개월이 지나서 효과가 장기적으로도 지속되는지 다시 살펴봤다. 인지치료를 받은 사람들 중에는 56퍼센트로 그쳤지만, 메타인지치료를 받은 사람들의 74퍼센트는 여전히 우울증이 없었다.

내가 실험을 진행하는 동안 심리학자 로저 하겐이 이끄는 몇 명의 노르웨이 연구원들도 우울증을 앓는 39명의 노르웨이인을 대상으로 메타인지치료의 효과를 연구했다. 이번에도 연구 결과는 놀라웠다. 70~80퍼센트의 참가자들이 우울증에서 벗어났고 6개월 후 후속 평가에서도 같은 수의 참가자들이 우울 증상을 보이지 않았다. 위의 실험들로 얻은 결과는 현재까지 메타인지치료가 우울증 치료에 가장 효과적이라는 사실을 입증한다.

인지치료를 받는 사람이라면?

만약 당신이 인지치료나 다른 형태의 치료를 받고 있고 그 치료법을 지속하고 싶다면, 이 방법이 각 치료법의 효력을 없앨 수도

있기 때문에 다른 치료를 받는 동안에는 메타인지치료의 원칙을
따르지 않길 추천한다. 메타인지치료는 다른 치료법과 섞이지 않
을 때 가장 효과적이다.

인간의 마음은 스스로 조절된다

앞서 언급한 것처럼 심리치료사들은 삶이 고통스러울
때 우울증이나 다른 정신 질환이 외부에서 우리를 공격
한다고 말했다. 그래서 치료법은 환자의 마음에 쌓여있다
고 믿는 트라우마와 나쁜 경험들을 받아들이는 데 중점
을 두고 있다. 이와 같은 치료법이 반복되고 있을 때 에이
드리안 웰스와 그의 동료인 제럴드 매튜스는 1990년대
초 수년의 연구 끝에 인간의 정신에 대한 완전히 새로운
모델을 제시했다. 그들은 원칙적으로 인간의 마음은 스
스로 조절된다고 발표했다. 인간의 육체가 저절로 치유될
수 있듯이 정신도 마찬가지다.

수천 년 동안 인간의 육체는 상처가 나고 뼈가 부러져
도 저절로 치유하는 힘을 갖고 있다. 어린 시절에 자전거
를 타다가 넘어져서 무릎에 피가 흘러도 곧 피가 멈춘다

는 사실을 알게 된다. 신기하게도 우리가 상처에 아무것도 하지 않아도 꽤 빠른 속도로 치유된다. 하지만 상처를 만지거나 긁고 문지르면 깨끗하게 아물지 않는다. 감염되거나 흉터가 생기면서 더 악화할 위험이 있다.

웰스와 매튜스의 연구 결과가 보여주듯이 인간의 마음에도 같은 일이 일어난다. 이혼이나 사고, 화재처럼 불쾌하고 불행한 경험의 여파로 우리의 생각은 자연스레 이런 경험에 집중된다. 과거의 불행한 경험이 하루에도 몇 번씩 생각이나 이미지의 형태로 머릿속에 계속 떠오를 것이다. 부정적인 생각과 감정이 올라오는 것은 물론이고 비탄, 두려움, 슬픔, 실망, 분노에 사로잡힌다.

마치 넘어지면 무릎이 까지는 것처럼 좋지 않은 일을 경험한 직후에는 마음을 다쳐 고통스럽다. 무릎에 난 상처를 계속 건드리지 않으면 자연스레 낫는 것처럼 우리가 같은 생각을 되새김질하면서 감정을 더 키우지만 않는다면, 우리의 마음도 저절로 치유된다. 생각이나 이미지, 충동 등이 가끔 일어나겠지만 우리가 그 감정을 붙잡아두거나 억누르거나 해결하려고 애쓰지 않는다면 다시 사라질 것이다. 그 생각과 감정을 마음의 한가운데 두고 계속해서 꺼내어보지만 않는다면 다 흩어질 것이다.

이 새로운 해석은 우울증의 원인에 대한 기존의 인식에 종지부를 찍는다. 인간의 마음에는 원래 스스로 치유할 힘이 있다는 사실을 출발점으로 본다면, 도대체 왜 인생의 위기를 겪은 모든 사람이 아니라 일부의 사람들만 우울증에 걸리는 것일까?

마음은 세 단계로 작용한다

웰스는 처리되지 않은 부정적 경험이 우울증을 유발한다는 일반적인 인식에 반기를 들었다. 그는 모든 사람이 부정적인 생각을 하고 부정적인 생각을 믿을 때도 있지만, 그렇다고 모두가 정신 질환을 앓게 되는 것은 아니라고 설명했다. 이에 기반하여 웰스와 매튜스는 다음의 질문을 제기했다. "만약 부정적인 경험과 생각 자체가 우울증을 유발하는 것이 아니라면 무엇이 우울증을 유발하는가? 사람을 우울하게 만드는 근본적인 요인들은 무엇인가?"

그들의 연구는 인간의 마음에 대한 메타인지 모델로 이어졌다. S-REF 모델(정서 장애의 자기조절 실행 기능 모델

Self-Regulatory Executive Function Model of Emotional Disorder)은 마음이 세 단계로 작용한다는 것을 보여준다.

하위 단계에서는 끊임없이 충동, 생각, 감정이 떠오른다. 우리가 이런 충동과 생각, 감정에 사로잡히지만 않는다면, 이들은 일시적으로 머릿속에 떠올랐다가 저절로 사라진다. 중간 전략 단계는 우리가 머릿속에 떠오르는 생각을 어떻게 다룰지에 대한 전략을 선택하는 단계다. 상위의 메타인지 단계는 가능성 있는 전략들에 대한 우리의 인식을 포함한다. 이제 각 단계를 더 자세히 살펴보자.

하위 단계: 생각이 떠오르다

이 단계에서 우리는 끊임없이 뇌가 생성하는 자신에 대한 수천 가지의 메타인지적 신념, 충동, 생각, 심상, 감정, 기억에 타격을 받는다. 떠오르는 모든 생각과 연상, 충동을 통제할 수 없다. 이는 자연스러운 현상이며, 좋은 경험이든 나쁜 경험이든 모든 경험과 만남, 사건으로부터 무의식적으로 떠오른다. 예를 들어, 당신이 사랑했던 연인에게 실망하고 상처받은 경험이 있다면 당신도 모르게 새로운 연애를 시작하는 것이 조심스럽고 확신이 서지 않을 것이다. 과거 경험에 의해 자동으로 어떤 특정한 생각이

마음이 작용하는 방식

웰스와 매튜스의 1994년 S-REF 모델을 간소화한 것이다.

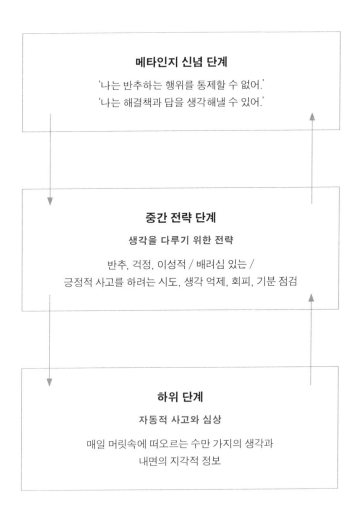

메타인지 신념 단계

'나는 반추하는 행위를 통제할 수 없어.'
'나는 해결책과 답을 생각해낼 수 있어.'

중간 전략 단계

생각을 다루기 위한 전략

반추, 걱정, 이성적 / 배려심 있는 /
긍정적 사고를 하려는 시도, 생각 억제, 회피, 기분 점검

하위 단계

자동적 사고와 심상

매일 머릿속에 떠오르는 수만 가지의 생각과
내면의 지각적 정보

나 감정이 일어나는 것은 일반적인 현상이며 이것 자체는 문제가 되지 않는다. 무의식적으로 떠오른 생각과 감정을 어떻게 처리하는지가 우리의 기분과 안녕을 결정한다. 이를 어떻게 처리하는지는 중간 전략 단계에서 결정된다.

중간 전략 단계: 사라지거나 반복되거나

이 단계는 통제할 수 없는 하위 단계에서 일어나는 생각과 감정을 다루는 전략들을 포함한다. 이 전략에 따라 생각과 감정이 일시적으로 떠오르다 사라질지, 아니면 우리의 의식에 남아 계속 반복될지 결정된다. 반추나 걱정과 마찬가지로 생각과 감정에 대해 적극적으로 대응하는 전략은 생각의 흐름을 지속시킨다. 우리는 메타인지 지식에서 선택하는 자발적인 전략을 활용하여 하위 단계의 충동을 의식적으로 처리한다(마음의 상위 메타인지 신념 단계). 예를 들어, 만약 당신의 일에 대한 열정이 사라졌다면 이를 처리하는 전략은 분석이 될 것이다. 당신의 지성을 활용하여 사라진 열정을 설명하기 위해 당신의 지식이나 만남, 사건, 경험 등을 분석한다. 바뀐 게 무엇인지 질문한다. 어쩌면 직업을 바꿀 때가 된 것일까? 아니면 완전히 새로운 업계의 일을 도전해봐야 할까? 다시 학교로 돌아가는 건 어떨까? 만약 당신의 문제 해결 전략으로 해결책을 얻었다면 인생의 다음 장으로 넘어갈 수 있다. 하지만 분석력이 기대에 미치지 못하는 경우도 있다. 그래서 숙고는 더 깊은 사색으로 이어지고 결과적으로 고민하느라 점점 더 많은 시간을 뺏긴다. 과연 내가 다시 대학교에 다닐 형편이 될까? 주택을 담보로 돈을 빌릴 수 있을까? 더 저렴한 곳으로 이사할 수 있을까? 아이들이 전학해야 하는 건 아닐까?

메타인지 신념 단계: 선택하다

우리가 충동이나 생각, 감정에 대처하는 방법을 결정할 때 의지하는 신념은 다음과 같다. 우리는 매일 수천 가지의 생각을 하기 때문에 모든 생각을 개별적으로 다룰 시간이 없다. 그래서 어떤 생각은 처리하고 어떤 생각은 처리하지 않을지 선택해야 한다. 만약 회사에서 해고당했다면 '내가 왜 해고당했을까?'라고 원인을 곰곰이 생각해보는 것은 타당한 행동이다. 우리는 반추를 통해 그것의 의미나 원인을 생각해낼 수 있기 때문에 유용하다고 믿는다. 하지만 동시에 우리가 반추하고 있는지 아닌지의 여부를 통제할 수 없다고 느끼기도 한다. 하루에 2시간 혹은 10시간 동안 생각에 잠겨 있는 것은 각자의 의지를 벗어난 일로 느낀다. 메타인지 신념은 우리가 반추에 굴복할지 아니면 선택권을 갖고 있다고 느낄지 결정한다. 그래서 메타인지 신념 단계는 생각의 스위치를 켜고 끌 수 있다고 믿는다거나 생각의 흐름에 대한 전략을 조절할 수 있다고 믿는지에 대한 인식을 포함하고 있다.

나는 이혼한 지 얼마 되지 않아 전 남편과 갈등을 빚고 있는 한 여성 내담자의 사례를 들어 S-REF 모델을 설명하려 한다. 그들은 아이들이 어디서 살아야 할지, 어떻게 키워야 할지, 명절에는 어느 부모와 함께 지낼지, 아이들이 직접 결정하게 해야 할지 등에 대해 끊임없이 논쟁했다. 그녀는 아이들이 아버지와 지낼 때마다 매일 아이들이 잘 지내고 있는지, 그가 아이들에게 잘해주고 있는지 걱정했다. 이혼을 결심한 사람이 그녀였기에 과연 자신이 좋은 엄마가 맞는지도 늘 생각했다. 이 모든 생각은 자동적 사고로서 그녀 마음속 하위 단계에서 비롯되었다.

그녀는 머릿속에 떠오르는 이런 생각들에 놀랐다. 매일 그녀는 저녁에 아이들을 재우고 나면 자리에 앉아 신중히 생각하거나 자신의 생각을 종이에 써보면서 이 질문에 대한 답을 찾기로 결심했다. 이런 반추와 전략적 계획은 마음의 중간 전략적 단계에서 일어난다.

그녀는 끊임없이 떠오르는 생각을 스스로 통제할 수 없다고 확신했다. 그녀는 하루에 1시간이든 10시간이든, 혹은 얼마의 시간이 흘렀는지도 모르는 채 계속 생각에 빠졌다. 또한 충분한 시간 동안 생각한다면, 이렇게 오래 생각하는 행위가 실제로 자신에게 도움이 될 것이라고 확신했다. 그녀는 이런 생각이 덜 고통스러워지고 언젠가 사라지길 바라면서 머릿속에 떠오르는 생각들을 처리했다. 또한 생각을 정리함으로써 자신이 좋은 엄마였다고 믿게 되길 바랐다. 반추는 내가 통제할 수 없지만 유용한 행위라고 믿는 이런 메타인지 신념들은 마음의 메타인지 신념 단계에서 발견된다.

모든 걸 가장 잘 알고 있는 것은 메타인지다

우리에게 가장 익숙한 메타인지 경험의 예는 '설단 현상tip of the tongue phenomenon'이다. 십자말풀이를 하며 '녹색 원석'에 대한 단어를 떠올리려고 할 때 '아, 분명히 내가 아는 단어인데 생각이 날 듯 말 듯 하네.'라고 말하는 현상이다. 분명히 우리가 알고 있는 단어다. 그러나 무슨 이유에서인지 그 단어가 입 밖으로 나오지 않는다. 우리가 그 단어를 알고 있지만 지금 생각해낼 수 없다는 사실을 어떻게 아는 것일까? 이것은 비록 완전히 파악할 수는 없어도 우리의 뇌 혹은 메타인지가 그것을 담고 있는 정보에 대한 개요를 갖고 있기 때문이다.

축적된 지식을 꺼내오기 위해 선택하는 전략을 결정하는 것은 중간 전략적 단계. 어떤 사람들은 집중 전략을 사용한다. 그들은 녹색 원석의 이름을 떠올리는 데만 집중함으로써 저장된 지식을 떠올리며 반추하려 한다. 어떤 사람들은 이름을 생각해내기 위해 모든 알파벳을 순서대로 떠올려보는 더 체계적인 전략을 쓴다. 그 단어가 A로 시작했던가? 아니면 B? 그것도 아니면 C? 그러나 일반적으로 가장 좋은 전략은 우리 마음의 이 단계가 저절로 답을 찾기 위한 기억보관소로 뛰어들 때까지 질문을 그대로 두고 가능한 한 아무것도 하지 않는 것이다. 그러면 나중에 산책하는 동안 갑자기 떠오를 것이다. '옥! 옥이 녹색 원석이야.'

중요한 사실은 우리가 가진 질문에 대한 답이나 해결책은 대부분 우리가 오래 생각하기 때문에 떠오르는 게 아니라는 것이다. 전적으로 메타인지가 우리를 위해 무의식적으로 자기 역할을 하는 것이다.

자기분석은 당신을 우울하게 만들 것이다

많은 사람들이 문제를 해결하기 위해 자신의 뇌를 괴롭힌다. 우리는 사고 과정과 인지의 도움으로 답을 생각해낸다고 믿는다. 하지만 무언가를 기억해내고 지식을 적용할 때 최고의 전략은 앞서 얘기한 것처럼 가능한 한 아무것도 하지 않는 것이다. 어느 시점이 되면 답이 저절로 떠오르거나 그것이 중요하지 않은 질문이라면 저절로 사라지거나 잊힐 것이다.

연구를 통해 우리가 침울하거나 슬프거나 우울할 때도 같은 원리가 적용된다는 사실을 발견했다. 우리가 반추하는 데 모든 정신력을 쏟는다면 슬픈 생각을 계속하게 되고 그것 때문에 기분은 더 악화된다. 그러므로 떠오르는 생각을 있는 그대로 두는 것이 가장 좋은 방법이다. 억지로 생각을 하지 않으려 애쓰는 것이 아니라 수동적으로 생각이 흘러가는 대로 관찰하는 것이다.

우울증을 초래하는 것은 불행한 경험을 얼마나 자주 겪었는지 혹은 부정적인 생각을 얼마나 자주 하는지가 아니다. 연구를 통해 인지주의 증후군cognitive attentional syndrome(CAS)이라고 알려진 주의력 증후군이 우울증을 포함한 대부분의 정신 질환의 주요 원인이라는 사실을 발견했다.

이를 발견함으로써 앞서 나온 질문인 "만약 마음이 스스로 치유된다면, 왜 어떤 사람들은 인생의 위기를 겪은 후 우울증을 앓게 되는 것일까?"에 대한 답을 찾았다. 그 답은 인생 위기와 문제들에 대한 우리의 생각에 얼마나 많은 관심을 쏟는지에 있다. 간단히 말하면, 우리는 스스로 우울증에 빠뜨리는 것이다.

인지주의 증후군은 일반적인 증후군에서 보이는 증상들을 보이지 않는다는 점에서 전형적인 증후군이 아니다. 이 증후군은 과도하게 사용되었을 때 우리의 생각과 감정을 강화하고 우울증이나 다른 정신 질환을 유발하는 네 가지 기본 전략을 의미하는 포괄적인 용어다. 네 가지 기본 전략은 다음과 같다.

- 반추
- 걱정

- 행동 점검
- 부적절한 대처 행동(예: 상황 회피하기 혹은 과도한 휴식, 수면, 알코올 등에 의지하기)

한 가지 분명히 하자면, 모든 인간은 필연적으로 한동안 걱정하거나 어둡고 부정적인 생각을 반복해서 할 수밖에 없다. 그런 생각 자체는 문제 되지 않는다. 어둡고 부정적인 생각에 지나치게 오래 중점을 둘 때만 우울해지거나 우울증을 유발할 위험이 있다.

정신 질환을 앓는 모든 사람의 공통적인 특징은 이런 네 가지 전략 중 한 가지 혹은 그 이상을 과도하게 사용한다는 것이다. 매일 몇 시간씩 같은 생각에 잠기거나 끊임없이 걱정하며 자신의 기분을 계속해서 살피거나 잠이나 휴식, 알코올로 자주 생각을 둔하게 한다. 무언가를 과도하게 한다는 것이 정신 질환을 가진 모든 사람이 보이는 특징이지만, 그 행동이 무엇인지는 질병마다 다르게 나타난다. 일반적으로 우울한 사람들은 다른 정신 질환을 가진 사람들보다 더 자주 반추하는 경향이 있고, 불안 장애를 앓는 사람들은 다른 사람들보다 더 걱정을 많이 한다.

그렇다면 우울증을 앓게 되는 것이 우리의 잘못이라

는 의미일까? 우리가 걱정을 자주 하거나 반추하는 습관이 있다면 자업자득인 걸까? 당연히 그렇지 않다. 정신 질환을 앓는 것에 대해 누구도 죄책감을 느껴선 안 된다. 일부러 어두운 생각으로 깊이 빠지려는 사람은 없다. 생각과 감정을 처리하는 각자만의 방식이 있다. 대부분 사람들은 어린 시절에 발달된 고유의 전략을 갖고 있다. 기본적으로 우리는 두 가지 방식 중 한 가지 방식으로 전략을 배우게 된다.

- 우리는 부모나 존경하는 다른 사람들을 모방하거나 그들이 우리에게 알려주는 방식을 따른다. 예를 들면, 어떤 사람들은 부모가 파트너를 선택하거나 전공을 정할 때처럼 중요한 결정을 하기 전에는 '오래, 골똘히 생각하는 것'이 중요하다고 얘기했을 것이다. 그리고 그 말을 따라 깨어 있는 대부분의 시간을 모두 생각하는 데 쓴다.
- 우리 행동에 대한 다른 사람들의 반응을 관찰하고 우리가 원하는 것을 성취하는 데 어떤 행동이 도움이 되는지를 배운다. 예를 들어 학교에서 아주 분석적인 면으로 보상받았다면, 삶의 다른 분야에서도 분석적인 행동을 강화하게 될 것이다.

또한 예를 들면 상담 치료처럼 인생을 살면서 새로운 전략을 배울 수도 있다. 메타인지치료는 우리의 부적절한 전략을 인지하고 그것을 적절한 전략으로 대체하게 도와준다.

인지주의 증후군의 부적절한 네 가지 기본 전략은 일반적으로 문제를 해결하고 통제력을 만들고 인생에 일어나는 사건들을 감당하는 것을 목표로 한다. 모든 사람이 이런 전략을 쓰는데, 본질적으로 이 전략들이 우리에게 해로운 것은 아니다. 직장에서 해고당한 일을 반추할 때 우리는 이것을 '성찰'이라고 한다. 우리는 해고당한 이유를 성찰한다. 내가 뭔가 잘못했을까? 만약 아이들이 나의 이혼을 어떻게 받아들일지 걱정한다면 우리는 이것을 '염려'라고 말한다. 이혼 후 내가 실제로 어떤 기분인지 세심하게 살핀다면 우리는 이것을 '자신을 돌보는 것'이라고 부른다. 이런 행동에는 아무 문제가 없다.

슬퍼하는 것은 꽤 자연스러운 일이다

부정적인 생각과 슬픔은 모두가 겪는 자연스러운 일이며 그 자체만으로는 우울증을 유발하지 않는다. 당신이 느끼는 슬픔에 대

해 오랫동안 반추할 때만 우울증의 증상이 유발될 위험이 커진
다. 의학적 기준에 따르면, 임상 진단을 위해서는 최소한 2주 동
안 몇 가지 증상을 보여야 한다. 예를 들어, 사랑하는 사람이 세
상을 떠나서 슬픔에 빠져 있을 때 우울증을 진단받으려면 최소
한 두 달 동안 증상이 지속되어야 한다.

문제는 우리에게 이런 전략이 꼭 필요할 뿐만 아니라
우리가 전략을 통제할 수도, 제한할 수도 없다고 믿게 될
때 발생한다. 우리가 생각하는 데 어느 정도의 시간을 투
자하느냐에 따라 그것이 적절한 자기분석이 될 수도 있고
지나친 생각으로 우울증을 앓게 될 수도 있다. 하루에 1
시간 정도 당신의 생각과 감정을 분석하는 것과 12일 동
안 곱씹어보며 계속 생각하는 것에는 큰 차이점이 있다.

그렇다면 힘든 날에 더 충분한 휴식을 취한다거나 반
추하고 걱정하는 행위를 완전히 하지 않아야 하는 걸까?
물론 그렇지 않다. 당연히 어떤 일들에 대해 생각해봐야
하고, 문제를 해결하기 위해 내면을 들여다봐야 한다. 다
만 깨어 있는 시간 내내 생각에 빠져있어서는 안 된다.

같은 시기에 같은 직장에서 해고당하고 서로 격려하
던 두 남성의 사례에서 인지주의 증후군이 얼마나 가변적

인지 알 수 있다. 정리 해고 절차는 두 사람 모두에게 불쾌한 일이었으며 이로 인한 부정적인 생각과 감정이 올라왔다. '내가 왜 해고당한 것일까? 경영진에 무슨 일이 있었던 걸까? 이렇게 부당한 일을 당하고도 새로운 직장을 찾을 수 있을까?' 두 사람 모두 돈을 벌지 못해 아내와 아이들을 실망하게 한다는 느낌에 괴로웠지만, 아내들은 그들의 마음을 이해했고 애기를 들어주었으며 두 사람 모두 가족에게서 위안을 얻었다.

하지만 얼마 지나지 않아 두 남성의 행동은 다른 방향으로 나아갔다. 한 명은 해고당한 사실을 끊임없이 곱씹는 게 자신의 기분을 나쁘게 만든다는 사실을 깨닫고 반추하는 것을 그만두었다. 그는 자신과 가족을 위해 이 상황을 극복해야 한다고 생각했다. 그러나 다른 한 명은 답을 찾는 것 말고는 해결책이 없다고 생각했다. 그는 늘 꼬리에 꼬리를 무는 생각으로 새로운 생각에 잠겼다. '나는 이제 내 생각을 완전히 통제할 수 없게 된 걸까? 도대체 뭐가 문제지?'

예상할 수 있듯이, 한 남성은 새로운 직장을 구하고 인생의 다음 장으로 넘어갔지만 다른 한 남성은 우울증을 진단받고 항우울제를 처방받았다. 두 사람의 유일한 차이점은 반추하는 데 투자한 시간이다.

인지주의 증후군의 네 가지 요소에 대해 더 자세히 알아보자.

반추: '나는 왜 이럴까?'

'반추'한다는 것은 무언가를 반복해서 생각한다는 의미다. 흥미롭게도 이 단어는 '되새김질하다'라는 표현이 나온, 소의 위의 한 부분을 부르는 라틴어 단어 '제1위 rumen'에서 유래했다. 소들은 제대로 소화하기 위해 음식물을 두 번 되새김질 한다. 우리는 '생각할 거리'나 '개념을 이해하다'라는 말을 하지만, 같은 생각을 계속 반복하는 행동은 사람들을 울적하게 만들 뿐만 아니라 불면증, 기운 저하, 집중력 저하, 기억력 저하 같은 우울증의 증상이나 우울증을 유발할 수도 있다. 사람들이 생각을 되풀이하는 세 가지 이유는 다음과 같다.

- 반추한다는 사실을 인지하지 못한다.
- 반추를 스스로 통제할 수 없다고 믿는다.

- 반추하는 행위가 우리에게 도움이 된다고 믿는다.

일반적으로 반추는 무엇을, 어떻게, 왜에 관한 생각으로 시작한다.

- 내가 왜 이러지? 우울증에서 벗어나려면 어떻게 해야 할까?
- 나는 왜 아무것도 이해하지 못하지? 나는 왜 우울해진 것일까? 나는 왜 아무것도 기억을 못 할까?
- 어떻게 하면 나의 모든 실수와 결점을 고칠 수 있을까?

걱정: '잘못되면 어쩌지?'

인지주의 증후군의 또 다른 전략은 걱정하기다. 대다수의 사람들에게 걱정은 즐거움과 마찬가지로 인생의 자연스러운 한 부분이다. 우리는 온갖 것에 대해 걱정한다. 라이스 푸딩이 너무 단 건 아닌지, 문을 제대로 잠갔는지, 최근 운전면허를 딴 십 대 아들이 운전을 조심히 하고 다니는지, 다음 감원 조치 때 해고당하는 건 아닐지, 시험에 통과할 수 있을지, 동료들이 나를 마음에 들어 하는지 등을 걱정한다. 이런 걱정을 하는 건 모두 자연스러운 현상이다.

특정한 생각을 계속 곱씹을 때 걱정은 많은 문제를 일으키는 정신 활동이 된다. 예를 들어, 크리스마스 파티에서 불륜에 대한 생각에 사로잡힌 당신은―어쩌면 직장에서 이런 일을 목격했거나 TV 프로그램에서 보았을지도 모른다―당신의 배우자도 이런 연말 분위기에 불륜을 저지르지 않을까 걱정한다. 이런 걱정이 비정상적으로 심해지면 심장 두근거림이나 지나치게 빠르게 뛰는 맥박, 현기증 등의 신체 증상이 나타난다. 미래에 대한 일반적인 불안이 심해질 때도 비슷한 신체 증상이 나타날 수 있다. '내가 병에 걸리면 어떡하지? 회사에서 진행하는 프로젝트에 나만 참여하지 못하는 것 아닐까? 내 상황이 더 나아지지 않으면 어떡하지?' 만약 이런 생각에 자주 사로잡혀 걱정이 많아지면 불안과 우울증의 증상을 겪을 위험이 있다. 오랫동안 마음이 울적했거나 우울했다면 이런 걱정이 머릿속에서 쳇바퀴 돌 듯 지속되는 기분을 경험해 봤을 것이다. 그 걱정들이 영원히 사라지지 않을 것 같아서 염려한 적도 있을 것이다.

반추와 달리 걱정은 일반적으로 가설의 시나리오로 형성되기 때문에 '~면 어쩌지?'라는 문장으로 시작한다. 예를 들면 다음과 같다.

- 우울증 때문에 뇌가 손상되면 어쩌지?
- 가족이 나를 견디지 못하거나 아내가 이혼하고 싶어 하면 어쩌지?
- 내가 영원히 괜찮아지지 않으면 어쩌지?

점심: '오늘 기분이 별로네'

앞의 두 가지 전략과 마찬가지로 이따금 자신의 감정에 주의를 기울이는 것은 지극히 정상적이다. 우리는 모두 우리가 행복한지, 슬픈지, 낙담했는지, 보살핌이 필요한지 느낄 수 있다. 유난히 더 슬퍼지거나 무기력한 날도 있지만, 어느 날 아침 일어나보면 기운이 나거나 기분이 한결 나아진 것을 경험한 적 있을 것이다. 이것도 정상적인 현상이다.

그러나 기분을 살피는 행동이 장기간 울적하거나 최악

의 경우 우울증을 유발하는 계기가 된다면, 그것은 우리가 기분에 지나치게 집중하기 때문이다. 기분이 좋지 않아서 소파에서 하루를 보내야 되겠다고 생각하는 경우가 잦은가? 조금 슬퍼지거나 조금 더 행복해지는 때를 하루에 여러 차례 발견하는가? 당신은 다음과 같은 질문을 하는가?

- 나는 오늘 기분이 어떤가?
- 나는 평소보다 더 슬픈가?
- 내 기분이 왜 이런 거지?

만약 자주 기분이 울적해지거나 우울증을 앓고 있다면, 아마 자신의 기분에 지나치게 많이 신경 쓰고 있을 것이다. 우울증의 초기 증상을 발견하려고 생각과 감정을 관찰하는 것이 일반적인 전략이다. 어쩌면 슬픔의 시기가 온다고 느낄 때 증상이 더 악화되지 않도록 자기 자신을 돌보고 속도를 늦추는 적절한 조치를 취해야 한다고 생각할 수도 있다. 꽤 그럴듯한 전략이지만, 일상의 다른 경험과 일을 할 시간과 기운을 빼앗기기 때문에 방해가 될 수 있고, 그 결과로 스트레스와 우울증의 증상을 유발할 가능성이 커진다.

자신의 감정에 세심한 주의를 기울이는 사람들은 필연적으로 어떤 사소한 불규칙성을 느낀다. 내담자의 이렇게 점검하는 행동을 명확히 하기 위해 그들이 얼마나 자주 기분을 관찰하는지 혹은 기분을 분석하지 않고 그대로 두는지에 대해 물어본다. 일반적으로 우리의 기분은 역동적이고 나날이 변화한다. 이유는 알 수 없지만 어떤 날은 그 전날보다 기분이 안 좋은 채로 눈을 뜨기도 한다. 그러므로 슬플 때 할 수 있는 최선의 방법은 슬픈 생각에 대해 최대한 아무런 행동도 하지 않고 감정이 저절로 잦아들게 하는 것이다. 감정은 숨 쉬는 것과 비슷하다. 우리가 특정한 방식으로 호흡하려고 애쓰거나 그것에 대해 계속 생각하지 않을 때 가장 잘 조절된다.

부적절한 대처 행동: '다 하기 싫어'

네 번째 전략은 부적절한 대처 행동이다. 여기에는 불쾌한 생각과 감정을 완화하기 위해 우리가 하는 모든 행동이 포함된다. 이런 부적절한 전략은 아주 흔하지만 과도한 반추와 걱정, 점검하는 행동과 마찬가지로 더 슬픈 생각이 들거나 더 울적해지고 우울증 증상을 유발한다. 우울증이 있는 사람들에게 부적절한 대처 기제는 상태를 더 악화시킬 수 있다. 몇 가지 사례를 통해 자세히 알아보도록 하자.

특정한 생각과 감정을 억누르거나 회피한다

부정적인 생각을 자주 하는 것이 우울증의 원인이라는 사실은 널리 알려진 사실이다. 이런 측면에서 부정적인 생각을 회피하려는 것은 타당하다. 하지만 생각은 이런 방식으로 작동하지 않기 때문에 특정한 생각을 하지 않으려 애쓸수록 우리의 의식에 더 큰 부분을 차지할 것이다.

부정적인 생각을 더 긍정적이거나 현실적인 생각으로 바꾸려 노력한다

우리가 시도하기 쉬운 접근 방식은 자기 자신에 대해 더 신중하고 긍정적으로 생각하려는 것이다. '넌 최선을 다하고 있어. 다 괜찮아질 거야.'라고 몇 번이고 확언한다. 이 전략은 많은 에너지가 들어가고 더 많은 생각을 일으킨다. 당신의 문제는 부정적인 생각을 해서가 아니라 생각을 지나치게 많이 해서 일어나는 것이다.

특정한 방식으로 생각하고 느끼는 자기 자신에게 화가 난다

기운이 없거나 소파에 앉아 텔레비전을 보며 저녁 시간을 보낼 때 자기 자신에게 화가 나는 사람들이 있다. 또한 우리가 좋아하는 이들의 사랑을 잃었다고 느끼거나 스포츠, 박물관 방문, 친구들과의 저녁 식사처럼 우리가 평소 즐기던 활동이 더 이상 즐겁게 느껴지지 않을 때 자기 자신에게 화가 나거나 무슨 문제가 있다고 생각할 수도 있다. 우리에게 행복을 안겨주던 경험과 관계들이 더 이상 즐겁지 않을 때 우리는 당연히 슬프고 좌절한다. 슬픔과 좌절감을 느낄 뿐만 아니라 자기 자신에게 화가 날 때 마음속에는 새로운 질문이 떠오른다. '나는 왜 이렇게 못생긴 거야? 나는 왜 정신을 못 차리는 걸까? 도대체 뭘 잘못하고 있길래 행복하지 않은 걸까?' 무기력함을 느끼는 자신을 탓하는 이런 전략으로는 긍정적인 감정을 불러일으킬 수 없다. 오히려 그 반대다. 이것은 반추에 대해 반추하는 것과 같으며 결과적으로 우리는 더 많은 생각을 하게 된다. 만약 우리의 전략이 다르게 생각하고 느끼려하는 것이라면, 우리는 그저 처음 머릿속에 떠오른 생각을 다른 생각으로 바꿀 뿐이다. 그러면 다시 원점으로 돌아간다. 반추를 덜 하려고 해도 불가능해진다.

평소보다 더 많이 자거나 휴식한다

대체로 우울하거나 슬플 때 기운이 떨어진다. 그래서 그런 날이나 그런 시기에는 더 오랫동안 쉬거나 자길 원한다. 기분이 약간 울적하다면 일찍 잠자리에 들거나 낮잠을 자는 것이 도움이 된다. 자기 자신에게 특별히 더 신경 쓰는 날이 있는 것은 자연스럽고 괜찮은 일이다. 하지만 이런 행동이 습관으로 자리 잡게 되면, 오히려 기분을 더 울적하게 만들거나 우울증의 증상을 유발할 수 있는 부적절한 대응 기제가 된다. 매일 몇 시간씩 소파에 누워 있다고 해서 더 행복해지거나 힘이 솟진 않는다. 우울증을 앓거나 그런 증상이 있는 사람들은 대부분 피로함이나 무기력함을 느껴 최소한의 일만 한다. 물론 기력을 증강하기 위해 더 자거나 쉬려고 할 수 있다. 이 전략의 문제점은 반대 결과를 초래한다는 것이다. 하루에 7시간에서 9시간 이상 자게 되면 오히려 더 피로하고 행복하지 않으며 슬퍼질 위험이 커진다.

약물이나 알코올로 우리 감정을 무뎌지게 한다

정신없고 긴 하루를 마무리하며 저녁 식사를 하는 동안 와인을 한잔 하거나 퇴근 후 동료들과 맥주 한잔을 하며 긴장을 푸는 것도 좋은 방법일 수 있다. 회사에서 스트레스를 받은 날이나 아픈 가족, 부부간 문제 등을 대응할 때 감정을 누그러뜨리려 저녁에 와인 몇 잔을 마시는 일은 흔하다. 하지만 이런 진정 효과는 일시적일 뿐이다. 마리화나나 취하게 만드는 다른 약물처럼 알코올은 자유롭고 행복하게 만들지만 흥분 상태가 끝나고 나면 반추가 다시 시작된다. 사실 알코올과 약물은 더 부정적인 생각과 반추를 일으킬 뿐이다. 와인이나 마리화나를 끊을 수 없다는 두려움은 새로운 부정적인 생각을 일으켜 걷잡을 수 없는 악순환으로 이어지기 때문이다. 또 다른 부정적인 결과는 알코올을 섭취할 때 반추에 대한 통제력을 발휘하기 더 힘들어진다는 것이다. 그래서 우리의 통제권을 알코올과 외부 세계에 넘겨주게 된다.

알코올과 다른 약물 등에 대한 환상을 갖는 사람들도 있다. 이것은 소위 '욕망에 대한 생각desire thinking'인데, 비록 일시적이긴 하지만 이런 생각이 슬프거나 화가 나는 생각들을 대체할 수 있다. 갑자기 얼음처럼 시원한 맥주를 한

잔 들이켜고 싶다는 생각이 드는 것은 자연스러운 일이다. 하지만 하루에 몇 시간씩 시원한 맥주에 대해 공상하는 것은 좋지 않다. 그러면 실제로 밖으로 나가 맥주를 몇 잔 마실 가능성이 커진다. 욕망에 대해 얼마나 자주 생각하는지는 우울한 생각의 유발뿐만 아니라 섭식 문제, 알코올 의존증과 싸워야 할 위험성에도 영향을 미친다.

사회적 상황이나 취미 활동, 일하는 것을 피한다

쾌활하고 기운이 가득할 때는 대부분 사람들이 친구들이나 가족과 함께 모임이나 파티를 열고, 직장이나 아이들의 학교에서 진행하는 각종 행사에 참여하고 싶어 한다. 하지만 기운이 없고 울적해지면 다른 사람들과 거리를 두고 사회 활동에 참석하지 않으며 취미 활동에 참여하지 않는 경향을 보인다. 한동안 사회적 모임의 참여 횟수를 줄이는 것은 전혀 문제 되지 않지만, 이 전략이 지속되면 좋지 않은 결과를 얻게 된다. 마치 몸을 따뜻하게 하기 위해 바지에 오줌을 누는 것과 같다. 쾌적함과 보온을 위해 좋은 장기적인 전략은 아니다. 처음에는 친구의 생일 파티나 친척 집에서 열리는 가족 행사에 참석하지 않는 게 편하지만, 이런 안도감은 오래 가지 않는다. 불행하게도 사회적 교류를 피함으로써 혼자 생각에 잠기는 시간이 더 늘어날 뿐이다. 이제 파티에 참석하지 않은 것이 과연 잘한 일이었는지에 대해서도 생각할 것이기 때문이다. 그리고 파티에 참석한 다른 사람들이 어떻게 생각할지, 혹시 기분이 상해서 당신이 항상 초대에 응하지 않는다고 얘기하는 건 아닐지 고민한다. 사회적 고립은 더 반추를 많이 하게 만들고, 이는 우울증의 증상을 초래할 수 있다.

사교 모임을 피하는 한 가지 이유는 타인의 행복을 보는 데서 발생하는 부정적인 생각과 반추에서 벗어나기 위함일 수 있다. '모든 사람은 행복해. 그들은 나보다 잘났어. 나는 인생에 아무런 의미를 찾지 못했지만, 다른 사람들은 모두 미래를 위한 목표와 계획을 갖고 있어.'와 같은 생각을 감당하기 힘들 수 있다. 그러나 회피를 위한 묘책은 언제나 적절한 방법이 아니다. 이를 통해 얻는 안도감은 일시적이다. 장기적으로 보면 이런 방법은 우울증의 증상을 지속시킨다. 삶을 회피할 때 우리는 삶이 주는 도전을 감당할 수 있다는 걸 경험하지 못한다. 자신을 세상으로부터 고립시킨다면 기운을 나게 해줄 좋은 경험이나 만남, 사건 등을 놓칠 수밖에 없다. 그리고 마음이 힘들어 휴식한다고 해도 그건 오히려 반추하고 걱정하고 기분을 점검하며 시간을 보내기 위한 더 좋은 환경을 만들 뿐이다.

미래를 위한 계획 세우기를 회피한다

에너지가 부족하고 일이 잘못될까 두려워한다면 아예 미래를 생각하지 않거나 미래를 위한 계획을 세우지 않음으로써 우울한 생각을 하지 않으려 할 수도 있다. 우리가 직면한 문제들을 해결하기보다 문제에 대해 생각하는 것 자체를 회피한다. 타조처럼 모래에 머리를 파묻고 현실을 생각하지 않는 한 나는 괜찮다고 여긴다. 그러나 오랜 기간 현실을 도피한다면 문제는 점점 더 커져 문제에 대해 생각하는 데 더 많은 시간과 노력을 쏟아야 한다고 느끼게 될 것이다.

나는 한 여성 내담자의 사례를 통해 인지주의 증후군 전략의 요소들을 설명하려 한다. 그녀는 정신적으로, 사회적으로 어려움을 겪고 있는 성인이 된 아들을 단호한 태도로 대하기 힘들어서 상담센터를 찾았다. 아들은 자주 엄마에게 연락해 돈을 요구했고 그녀는 장기적으로 아들이 스스로 일을 해결하는 방법을 배우는 데 도움이 되지 않는다는 걸 알면서도 아들의 부탁을 들어주곤 한다. 그녀는 하루에 몇 시간 동안이나 아들에게 돈을 주었을 때의 결과에 대해 생각할 뿐만 아니라 아들에게 거절하지 못하는 자신에 대해서도 생각한다. 두 가지 주제의 생각은 새로운 생각으로 이어지고 악순환에 갇힌 기분을 느끼며 이에 대한 통제력을 잃은 듯한 느낌을 받는다(반추). 얼마 후 불면증이 생기자 그녀는 수면 부족으로 어떤 일이 일어나는 건 아닌지 걱정하기 시작했다(걱정). 또한 전화나 문자를 보내며 늘 아들을 감시하고 앱을 다운받아 자신의 수면 시간을 추적했다(점검하는 행동). 앱이 수면 시간이 충분하지 않다고 알려주면 그녀의 걱정은 더 커졌다. 그녀는 기분이 축 처졌고 각종 사교 모임에도 참석하지 않기 시작했다(부적절한 대처 기제).

반추와 걱정, 수면 시간 추적, 사교 모임 회피는 이 여성이 무기력하고 슬프며 만족스럽지 못하며 우울증의 증상이 나타나고 있다는 걸 의미한다.

이 내담자처럼 숙고하는 것은 꽤 평범한 일이다. 그녀의 아들이 곤경에 처했기 때문에 행복하지 않게 되었고, 그녀는 이에 대해 어떻게 해야 할지 고민했다. 문제는 깨어 있는 동안 거의 모든 시간을 반추에 쏟고 있다는 사실이다. 마지못해 아들의 부탁을 들어준 날에는 아들과 자기 자신에게 가한 해로운 행동에 대해 곱씹었고, 아들에게 단호한 태도를 보인 날에는 아들을 도와주지 못한 사실에 대해 걱정했다.

그녀는 메타인지치료를 받으며 가장 큰 문제는 단호한 태도를 취하지 못하는 것이 아니라 그 문제를 너무 자주 반추한다는 것이라는 사실을 깨달았고 이를 극복할 방법을 배웠다. 아들의 부탁을 들어주든, 들어주지 않든 그것과 관계없이 반추하는 행위를 줄여야 했다. 그녀는 반추하는 시간을 하루에 1시간으로 제한하자 기운이 더 생겼고 증상들이 완화되었다. 몇 주 후, 그녀는 더 이상 엄마로서의 낮은 자존감이나 슬픔과 씨름하지 않았기 때문에 아들의 부탁을 거절하기가 더 쉬워졌다는 걸 깨달았다.

생각의 방향이 '나'를 향할수록 통제력을 잃는다

울적하거나 우울증의 증상, 혹은 우울증을 앓고 있는 사람들의 경우, 인지주의 증후군을 구성하는 네 가지 진략―반추, 걱정, 점검하는 행동, 부적절한 대처 기제―이 즉각 눈에 띌 것이다. 몇 가지 전략은 단기적으로 진정시켜주는 긍정적인 효과가 있을 수도 있다. 예를 들어, 가끔 여러 일에 대해 곰곰이 되짚어 보는 것이 생산적인 반응처럼 보일 수 있다. 반추를 통해 즉각적으로 일의 개요를 파악할 수 있기 때문이다. 친한 친구에게 걱정을 털어놓을 때도 즉각적으로 마음의 평화를 얻을 수 있다. 어느 날 아침 눈을 뜬 후 기분을 점검했을 때 기분이 조금 나아진 걸 발견하면 안도하게 된다. 또한 부정적인 생각과 감정을 촉발시키는 사교 모임을 나가지 않으면 마음이 한결 편안해질 수 있다. 그러나 이런 전략의 효과는 오래 지속되지 않고 대개 우울증의 어둠을 더 짙게 만든다.

오랜 기간 기분이 울적하거나 우울증을 앓는 사람들 사이에서는 자기 자신을 각별히 더 잘 돌봐야 하고, 우울증의 징후를 제때 발견해야 한다는 인식이 깊게 자리 잡고 있다. 그러나 이 전략에도 문제가 있다. 한번 내면의 삶에 지나치게 주의를 기울이면, 기분이 아주 살짝 나빠질 때마다 새로운 자기충족적 반추가 시작된다. '기분이 왜 안 좋아졌지? 이런, 다시 우울증이 시작되는 건가?'

앞서 언급한 것처럼 메타인지치료는 반추나 걱정을 전

혀 하지 않는 게 아니라 시간을 제한하고 우리의 주의를 외부로 향하게 하는 것이다. 이 방법은 우리를 행복하게 하고 우울의 증상을 최소화하거나 사라지게 하며, 우울증이 재발하는 사람의 경우 재발하지 않게 해준다.

우울증을 지속시키는 기제를 바꾸려면 무엇이 인지주의 증후군을 일으키는지 알아내야 한다. 여기가 조금 복잡해지는 단계인데, 우리의 행동을 지배하는 내면의 통제 체계에 있는 신념과 가정들을 의미하는 메타인지 신념metacognitive beliefs이라고 부르는 곳에 답이 있기 때문이다 (S-REF 모델의 메타인지 신념 단계는 30쪽을 참고하자). 앞서 간단히 언급한 것처럼 이런 신념과 가정은 생각과 사고 과정에 대해 우리가 믿고 아는 것과 관계있다.

연구를 통해 다른 사람들보다 생각을 더 많이 하는 사람은 다음의 다섯 가지 메타인지 신념을 한 가지 이상 갖고 있다는 사실을 발견했다. 다음의 신념들은 우리가 지나치게 걱정하고 생각을 계속 반복하는 성향을 갖게 한다.

나는 내가 반추하는 것을 인지하지 못한다

메타인지 신념은 인지에 관한 것이다. 반추를 통제하기 위해서는 우리가 블랙홀에 빠지듯 생각을 되풀이할 때 스스로 알아차리는 것이 중요하다. 많은 사람이—특히 슬프고 울적하며 우울 증상을 겪는 사람들—자신이 생각에 빠졌는지 알아차리지 못한 채 생각에 잠긴다. 생각의 흐름에서 깨어나서야 비로소 자신의 삶이나 주변 세상을 의식하지 못하고 혼자만의 생각에 자석처럼 이끌려 몇 시간이 흘렀다는 것을 알아차린다.

반추는 통제할 수 없다

똑같은 생각을 되풀이한다는 사실을 알아차린다 해도 이를 통제할 수 없다고 느끼는 경우도 있다. 생각은 통제할 수 없지만(생각은 통제할 수 없고 S-REF 모델의 하위 단계에서 발생한다), 우리가 생각을 반복하는 데 쓰는 시간은 제한하고 통제할 수 있다. 반추를 제한하기 위해서는 근본적으로 이것이 가능한 일이며 올바른 기술을 활용하여 시간을 제한할 수 있다고 믿는 것이 중요하다.

나는 동기부여 없이 행동할 수 없다

또 다른 흔한 오해는 올바른 마음가짐을 갖고 동기부여가 되었을 때만 행동(예: 침대에서 나오거나 산책하기)할 수 있다는 것이다. 1월의 어느 흐린 월요일 아침, 따뜻한 이

불 안에 머물고 싶은 엄청난 충동을 모두 느껴보았을 것이다. 어떤 사람들은 그런 충동을 느껴도 행동할 수 있다고 믿는다. 이불 밖으로 나가기 정말 싫지만 여전히 침대에서 나와 일하러 간다. 어떤 사람들은 이불에서 나와 문밖으로 걸어 나가기 위해 동기부여가 될 생각이 떠오를 때까지 기다린다. 욕망 없이도 행동할 수 있다는 믿음이 우리의 생각과 기분과 관계없이 정해진 일정을 고수할 수 있는지 없는지를 결정한다.

나는 반추를 통해 해결책과 답을 찾을 수 있다

반추를 얼마나 많이 하는지 결정하는 네 번째 메타인지 신념은 우리가 생각을 곱씹으면 득을 볼 수 있다고 보는 관점이다. 만약 반추가 우리를 문제의 해결책과 답으로 이끌어 줄 수 있다고 믿는다면, 하루에 몇 시간씩이라도 그 문제를 생각하는 게 타당하다. 내 상담센터에 방문하는 많은 사람들은 실제로 생각을 되풀이할수록 더 창의적이고 현명해진다고 믿는다. 괴로움을 덜기 위해 1시간 동안의 상담을 통해 자기 생각과 감정을 세밀하게 들여다봐야 한다고 믿는 사람들도 있다. 그래서 내가 우울증에서 벗어나는 방법이 생각을 제한하는 것이라고 설명할 때 그들은 양가감정을 느낀다.

우울증은 내가 영향을 미칠 수 없는 생물학적 질병이다

다섯 번째 메타인지 신념은 우울증이 생물학적 혹은 유전적 질병이라는 널리 퍼진 인식에 기반하고 있다. 어떤 사람들은 자신이 뇌 결함을 갖고 있거나 신경전달물질인 세로토닌이 부족하며 부정적인 생각으로 고통받을 뿐 아니라 유난히 남들보다 예민하거나 감정이 풍부하다고 믿는다. 질병이 내적 결함에 의해 발생한다거나 자신만의 특성 때문이라고 확신하면, 자신이 사실 건강한 사람이고 스스로 자신의 건강 상태에 영향을 미칠 수 있다는 사실을 인식하지 못한다. 생각을 덜 하기 위해서는 우울증을 뇌의 탓으로 돌리거나 독특한 유전적 특성으로 보지 않는 것이 중요하다.

통제력을 회복하는 방법

어떤 내담자들은 메타인지치료를 시작할 때 자기는 반추하는 행위를 통제할 수 없다고 생각한다. 그들은 생각이 떠오르면 저절로 관심이 거기로 쏠리므로 생각에 쏟는 시간을 스스로 통제할 수 없다고 믿는다. 우울증을 뇌의 결함으로 인한 질병으로 알고 있던 사람들은 그들의 뇌 기능이 아니라 전략에 문제가 있는 것이라는 말을 듣고 깜짝 놀란다.

만약 당신도 비슷한 생각을 하고 있다면, 이 책을 계속 읽어나가며 메타인지치료를 시도해보길 바란다. 당신은 영향력을 발휘할 수 있기 때문이다. 당신은 우울증 증상을 사라지게 하고 많은 경우 우울증을 완전히 극복하기 위해 도움을 받을 수 있다. 메타인지치료를 받는 동안 당신은―이 책에서 만나게 될 네 명의 사람들과 마찬가지로―다음의 다섯 가지 메타인지 단계를 배우게 될 것이다.

- 당신의 촉발 사고trigger thoughts와 반추를 인지하여 제때 개입할 수 있다.
- 당신은 반추에 대한 통제력을 갖고 있기 때문에 이를 제한할 수 있다고 믿는다.
- 일과 관련된 문제든, 개인적 문제든, 우울해지는 것에 대한 걱정 혹은 우울증을 극복할 수 없다는 두려움에서 오는 문제든, 반추가 이런 문제의 해결책으로 이어질 것이라는

믿음을 내려놓는다.

- 당신의 기분과 관계없이 계획된 일정을 고수하고 일상생활에서 당신이 정말 하고 싶지 않은 일들이라도 할 수 있다고 믿는다.
- 당신은 우울증의 유전적 희생자가 아니며 당신이 느끼는 감정과 생각은 일반적이고 무해하다고 믿는다.

메타인지치료가 진행되는 동안 내담자들은 자신을 가로막던 신념들을 극복하는 방법을 배운다. 내담자들은 반추하는 시간을 줄이고 울적하고 우울한 기분을 예방하고 벗어나는 데 자신이 중요한 역할을 할 수 있음을 깨닫게 된다.

물론 메타인지치료가 삶의 고통이나 슬픔을 막아주진 않을 것이다. 슬픔이나 갈망, 고통은 모두가 겪는 감정이다. 그러나 치료를 통해 그렇게 오래 생각하지 않아도 된다는 걸 깨닫고 통제력을 되찾을 수 있을 것이다.

Part 2

어차피 흩어질 감정

반추, 걱정, 점검하는 행동, 부적절한 대처 기제에 대한 내용은 파악해야 할 새로운 개념이 많고 극복하기 힘든 과제처럼 보일 수 있다. 우리는 어떻게 오래된 습관을 떨쳐낼 수 있을까? 가능하긴 한 걸까? 물론 쉽고 빠르게 습관을 떨쳐낼 수 있다고 말할 수는 없다. 하지만 분명히 해낼 수 있는 일이라고 확신한다. 앞으로 네 장에 걸쳐 메타인지 여정을 단계별로 보여주려 한다. 이번 장에서는 반추를 유발하는 촉발 사고를 인지하는 방법을 설명한다. 그리고 3장에서는 메타인지치료를 활용하여 반추를 통제하는 법을 알아본다. 4장은 새로운 신념을 확고히 하는 과정에서 발생하는 딜레마를 살펴볼 것이다. 5장에서는 이런 전략과 계획을 유지하고 삶에 적용하는 방법을 알려준다.

우리의 뇌는 밤낮 가리지 않고 매시간 수많은 생각을 쏟아낸다. 신체의 다른 기관과 마찬가지로 뇌도 무의식적으로 끊임없이 생각을 떠올린다. 심장은 뛰고 위는 음식물을 소화하며 뇌는 끝없는 생각과 심상을 만들어낸다. 뇌가 만들어내는 이런 생각의 내용은 우리가 평소 관심을 갖고 기억했던 거의 모든 것이 뒤섞여 있다.

다음의 질문에 답을 떠올려보자.

- 나는 어제 얼마나 많은 생각을 했는가?
- 지금은 그 생각들이 모두 어디로 갔는가?

우리가 대답할 수 없는 질문이다. 자신이 몇 가지의 생각을 했는지 개별적으로 셀 수 있는 사람은 없다. 생각은 각자만의 수명이 있다. 명확한 시작점과 끝점은 없지만 서로 교차하며 상호작용을 하기 때문에 여러 가지 생각을 분리해서 설명할 수 없다. 인간의 뇌에서 생성되는 생각의 수를 조사하는 연구원들은 사람들이 하루에 30,000가지에서 70,000가지의 생각을 하는 것으로 추정한다. 그러나 이 수치는 생각이 어디로 가는지, 우리가 어떤 생각에 집중하고 어떤 생각을 흘려보내야 하는지에 대해 알려주지 않는다. 이 과정은 간단하지 않다.

머릿속에 떠오르는 생각은 플랫폼이 많은 복잡한 기차역의 기차에 비유할 수 있다. 시외 열차, 완행열차, 지하철 등이 역에 도착했다가 떠난다. 그곳에는 항상 수백 군데의 다른 도착지로 떠나는 기차들이 존재한다. 각 기차는 생각 혹은 일련의 생각을 의미한다.

'오늘 저녁 식사로 뭘 준비하지?'라는 생각을 예로 들어보자. 우리가 독서를 하거나 휴대폰으로 이메일을 확인하는 동안 이런 생각이 마음속 플랫폼에 도착한다. 우리는 그 생각을 알아차리고 다른 몇 가지 생각들이 합쳐지는 것을 발견한다. '냉장고에 어떤 재료가 남아 있더라? 집에 가는 길에 감자랑 브로콜리를 사야겠다.' 어쩌면 문득 이웃이 저녁 식사에 초대했다는 사실을 떠올리며 기차를 그냥 보내듯 생각을 떨쳐낼 수도 있다. 혹은 저녁 식사에 관한 생각을 있는 그대로 두고―기차를 탈 준비가 될 때까지 플랫폼에 앉아 있는 것처럼―다시 책이나 휴대폰으로 주의를 돌릴 수도 있다.

문제는 우리가 그 생각에 관여할 것인지 말 것인지에

대한 선택을 의식하고 있는지다. 우리가 에너지를 쏟지 않는 생각은 어떻게 될까? 우리가 그 생각을 붙잡지 않으면 나중을 위해 플랫폼에서 기다리거나 그냥 지나간다.

매일 뇌에서 생성하는 30,000~70,000가지의 생각은 대부분 우리에게 무의미한 것이다. 하지만 그중 몇 가지는 우리에게 감정적으로 영향을 미칠 것이다. 이런 생각들은 우리에게 의미가 있고 어떤 이유로든 우리의 관심을 붙잡는다. 메타인지치료에서 이런 생각을 '촉발 사고trigger thoughts'라고 부른다. 이들은 강한 반응을 불러일으킨다.

촉발 사고는 긍정적인 방식으로 우리를 자극할 수도 있다. 예를 들어, 우리는 가족과 함께 그리스 섬으로 떠나는 휴가나 달빛이 비추는 따뜻하고 아늑한 저녁 시간을 생각하며 행복해한다.

그러나 촉발 사고는 부정적인 방식으로 우리를 자극하여 광범위한 반추의 늪에 빠지게 할 수도 있다. 직장에서 해고당하는 경우나 직장 내 갈등, 가족 문제 등을 생각할 때다. 당연히 삶이 행복한 일로 가득할 때보다 삶이 힘들 때 촉발 사고가 더 잦아진다. 이런 생각들은 우울증 증상을 유발하는 첫 단계가 될 수 있기 때문에 우리의 촉발 사고를 제때 발견하는 것이 중요하다. 이렇게 하면 촉발 사고가 제멋대로 우리를 휘저어 놓기 전에 있는 그대로 내버려 둘 수 있다.

하지만 우리가 가진 수천 가지의 생각 중 촉발 사고가 무엇인지 어떻게 알 수 있을까? 모든 생각을 분류하기는 힘들다. 촉발 사고는 마치 점점 더 많은 객차가 차례로 합류하는 기차처럼 아직 장기적인 반추로 바뀌지 않은 일련의 생각들 중 첫 번째 생각이다. 기차는 점점 더 무거워지고 속도가 느려지다가 결국 나지막한 언덕조차 스스로 올라가지 못하게 된다. 촉발 사고에도 같은 원리가 적용된다. 우리가 생각하는 데 더 많은 시간을 쏟을수록 더 버겁게 느껴진다.

우리는 스스로 목적지를 선택한다

내적 감시 체계를 바꾸는 과정은 촉발 사고를 인지하고 촉발 사고라는 기차에 올라탈지 아니면 플랫폼에 남아서 기차가 홀로 떠나는 모습을 지켜볼지 결정하는 것에서 시작한다.

생각은 다양한 형태로 밀려온다. 문제를 일으키는 생각은 언제나 존재한다. 앞서 예로 들었던 저녁 식사에 관한 생각처럼 중립적인 생각들도 있다. 오전 10시에 나는 '오늘 저녁으로 뭘 만들까?'라는 생각을 하며 콜리플라워 치즈를 만들지 치킨 카레를 만들지 빨리 결정할 수도 있고, 아니면 오후에 슈퍼마켓에 갈 때까지 생각을 그대로 내버려 둘 수도 있다. 하지만 이와 다르게 수동적으로 관찰하고 흘려보내는 것이 더 힘든 생각도 있다.

'나는 왜 항상 슬픈 걸까?'와 같은 생각은 반추로 이어진다. '동료들은 분명히 나를 좋아하지 않아. 나는 직장에서 실수를 너무 많이 저질러. 나는 함께 살기에 너무 지루한 사람이야. 남편이 결혼 생활에 만족하지 않는 건 아닐까?' 중요한 것은 내가 그 생각을 처리할 것인지 아니면 그냥 흘려보낼 것인지다. '나는 왜 항상 슬픈 걸까?'라는 생각이 내 앞에 멈추고 탑승 문을 열었지만, 꼭 그 생각에 탑승하지 않아도 된다. 만약 내가 그 기차에 올라타서 생각을 분석하고 몇 가지 다른 생각들을 촉발시키면, 수많은 열차가 차례로 덧붙여 기차 속도가 늦어지고 내 기분도 덩달아 무거워질 것이다.

머릿속의 생각을 기차가 아닌 회전초밥집의 컨베이어

벨트 위에 있는 수많은 접시라고 상상해도 좋다. 초밥이 담긴 접시(생각들)들이 차례로 스쳐 지나간다. 당신은 손을 뻗어 접시를 집을지 그냥 지나가게 둘지 선택할 수 있다. 생선 롤을 집지 않으면 그것은 벨트 위에 남겨지고 잠시 후 모퉁이를 돌며 시야에서 사라진다. 얼마 후 그 접시가 다시 내 앞에 돌아와도 그 접시를 집어들 필요는 없다. '나는 슬퍼'와 같은 생각도 마찬가지다. 생각을 집어들 수도 있고 그냥 지나가게 둘 수도 있다.

'이번 주말에 무엇을 할까?'와 같은 상대적으로 중립적인 생각도 촉발 사고가 될 수 있다. '나는 아무 계획이 없어. 다른 사람들에게 주말에 만나자고 물어봐야 할까? 모두 바쁘다고 하면 어쩌지? 그냥 예의상 승낙하는 건 아닐까? 나는 너무 재미없고 게으르고 지루한 사람이야. 나는 대화에 전혀 끼지 못해. 그래서 이번 주말에 뭘 해야 할까? 그냥 심심한 하루를 보내게 되는 건 아닐까? 내 인생은 지루해.' 이렇게 다른 생각들이 금세 뒤따른다. 한 가지 생각은 또 다른 생각으로 이어지고 1시간 동안의 반추 끝에 이런 생각만 머릿속에 남는다. '내 인생은 공허하고 나는 지루한 사람이라서 아무도 나와 시간을 보내고 싶어 하지 않아. 모든 게 절망적이야. 나는 완전 실패자야.'

이 사례는 완전히 중립적인 생각이 어떻게 존재에 관한 반추로 이어지는지 보여준다. 그리고 우리가 하루에 몇 시간 동안 같은 생각을 반복한다면 어떻게 이런 생각이 우울한 결론으로 끝나는지도 알 수 있다. 내가 실제 상담센터에서 하는 치료법은 다음과 같다.

내가 어느 정도 반추하는지 인지하는 방법

사람들이 우울증에서 벗어나기 위해 상담센터에 방문할 때 나는 인지주의 증후군에 대해 얘기로 치료를 시작한다. 나는 내담자가 인지주의 증후군의 요소에 대한 통제력을 되찾을 수 있게 내담자의 인지주의 증후군이 어떤 것인지 파악하도록 돕는다. 모든 사람은 다른 정도의 반추, 걱정, 점검하는 행동, 부적절한 대처 기제를 보인다. 따라서 내담자와 내가 함께 이 정도를 평가하고 가능한 정확한 답을 구하는 것이 치료에 도움이 된다.

많은 사람이 반추와 기분을 점검하는 행동의 정도를 직접 평가하는 것을 힘들게 여긴다. 그러나 모두가 해낼 수 있으며 간단한 방법을 활용하면 꽤 정확한 답을 얻을 수 있다. 나는 내담자들에게 지난 한 주 동안 얼마나 생각이나 감정을 회피하거나 억누르려 애썼거나 반복했는지

0에서 100까지의 척도로 점수를 매겨달라고 요청한다.

0	50	100
나는 전혀 반추하지 않았다	나는 자주 반추했다	나는 항상 반추했다

남편이 바람을 피웠다는 사실을 알게 된 한 여성이 상담센터에 찾아왔다. 현재 그녀는 대부분의 시간을 남편과의 관계를 되짚어 보는 데 썼다. 남편은 미안해 어쩔 줄 몰랐으며 아내 외에는 어떤 여성도 원치 않으며 바람을 피운 것은 끔찍한 실수였다고 말했다. 부부는 헤어지지 않기로 동의했지만 아내는 남편을 다시 신뢰하기 힘들었고 촉발 사고가 머릿속에 계속 맴돌았다. '그가 나와 함께하고 싶다고 말한 게 솔직한 마음일까? 도대체 왜 바람을 피운 거지?'

아내는 새로운 불륜의 징후를 발견하지 못하고 안심하기 위해 남편의 휴대폰과 페이스북 계정을 확인하기 시작했다. 그녀의 전략은 부적절한 대처 기제의 범주에 속했다. 그녀의 행동은 결코 자신을 안심시키지 못했기 때문이다.

그녀는 '나에게 문제가 있는 걸까? 나는 나쁜 아내인가? 내가 너무 심술을 부리는 걸까?'와 같은 생각으로 하루에 6시간에서 8시간까지도 고민했다. 아내는 불면증이 생겼고 기운이 없었으며 늘 피곤하고 우울해졌다.

그녀는 자신이 반추하고 있다는 사실을 인지하고 있었다. 그러나 반추가 슬픈 생각을 강화한다는 건 알지 못했다. 오히려 생각을 거듭하면 슬픔과 질투심을 느끼지 않고 답을 찾을 수 있다고 믿었다.

메타인지치료를 시작한 후 그녀는 자신의 증상들을 새롭게 이해했다. 해결책과 답을 찾으려는 시도가 문제를 지속시킨다는 걸 깨달았다. 무엇보다도 그녀는 이 치료를 통해 기분이 나아지길 바랐다. 반추를 제한하는 방법을 배우고 나자 우울 증상이 완화되었고 기운을 되찾았으며 자존감도 올라갔다.

이 책에서 만나게 될 나타샤와 메테, 레이프, 베릿도 그녀와 같은 문제를 갖고 있었다. 그들은 생각이 너무 많은 것도, 부정적인 생각을 하는 것도 아니었다. 문제는 이런 생각들로 자기 자신을 갈기갈기 찢어버렸다는 것이다. 생각을 곱씹고, 곰곰이 생각하고, 분석하고, 반성하며 반추하다가 그 생각들이 결국 그들의 일상을 지배했고 우울함을 불러일으켰다.

> **우리는 인생의 단계에 따라 다른 것들을 반추한다**
>
> 어린이들은 일반적으로 엄마와 아빠의 행복에 대해 반복해서 생각한다. '엄마는 왜 그렇게 화가 났을까? 부모님이 헤어지신다면 나는 어떻게 될까?'
>
> 십 대들은 보통 자신의 신체, 섹스, 남자친구나 여자친구, 미래 등에 대해 고민한다. '우리 반의 다른 친구들이 나보다 앞서 있는 건 아닐까? 풋볼팀에서 왜 나만 성 경험이 없는 걸까? 지난 숙제에서 왜 이렇게 낮은 점수를 받았지? 시험에 통과할 수 있을까?'
>
> 성인의 삶은 반추할 많은 주제와 어려움을 던져준다. 재정 상태, 직업, 동료들, 인간관계에서 오는 문제에 대해 생각할 일이 많으며 이 같은 스트레스는 우울 증상을 유발할 수 있다. '파트너에 대해 왜 예전과 같은 감정이 들지 않는 걸까? 내가 나에게 맞는 직업을 선택한 걸까?'

촉발 사고는 주관적이다

다양하고 많은 생각이 우리를 자극할 수 있다. A라는 사람을 무너지게 만드는 죄책감 가득한 촉발 사고가 B라는 사람에게는 아무런 영향을 미치지 않는다. 반면에 A에게 한 번도 문제 된 적 없는 촉발 사고가 B에게 불안감을 유발할 수 있다. 또한 시간이 지나면서 각자의 촉발 사고도 자연스레 변한다. 촉발 사고는 우리의 가장 강렬한 감정을 반영하기 때문이다. 어떤 생각이 머릿속을 장악하고 있는지에 따라 극심한 죄책감, 스트레스, 불안감에서부터 짜증과 조증에 이르기까지 다양하다.

누군가가 우울해지는 것을 염려하거나 울적하고 슬퍼하는 경향이 있다면, 어떤 생각이 그들의 감정을 촉발시키는지 아는 것이 큰 도움이 된다.

슬픔의 촉발 사고

'나는 왜 이렇게 슬픈 걸까? 나는 왜 더 이상 아무런 감정도 느끼지 못하는 걸까? 나는 왜 우울해지는 걸까? 이혼 때문일까? 아니면 아버지의 죽음 때문일까?'

슬픔의 촉발 사고는 일반적으로 부정적인 내용을 담고 있으며, 이런 생각을 반추하다 보면 우울하고 슬픈 감정이 더 강화된다. 이런 종류의 촉발 사고는 아주 위험하며 잦고 우울한 반추로 이어질 수 있다.

분노의 촉발 사고

'왜 아무도 나를 이해해주지 못하지? 왜 관청, 의사, 배우자는 나에게 무관심한 거야? 사람들은 모두 멍청하고 이기적이야. 그들은 벌을 받아야 해.'

분노의 촉발 사고는 대개 공격적인 내용을 담고 있으며 어떻게 다른 사람들에게 벌을 주거나 복수할 것인가에 대한 환상을 갖고 있다.

불안의 촉발 사고

'내가 더 나아지지 않으면 어떡하지? 우리 아이가 나를 닮아 예민하면 어떡하지? 내가 파산해서 이 집에서 쫓겨나면 어떡하지?'

불안의 촉발 사고는 주로 '혹시…?'로 시작하며, 불안발작으로 끝나거나 특정한 상황과 장소를 피하는 것에 지나치게 집중할 수 있다.

죄책감 가득한 촉발 사고

'나는 정신을 차려야 해. 나는 더 나은 엄마가 되어야 해.'

죄책감이 가득한 촉발 사고는 대개 '나는 ～해야 해.'

로 시작한다. 결국 자존감이 낮아지고 어떤 활동을 할 때 주도권을 쥐거나 약속을 정하기 위해 사람들에게 먼저 연락하지 못하며 불안의 촉발 사고를 겪는 사람들과 마찬가지로 특정한 상황을 회피하려 한다.

절망의 촉발 사고

'내 인생은 의미 없어. 절대 나아지지 않을 거야. 도대체 왜 계속 살아서 가족에게 짐이 되어야 해?'

많은 절망의 촉발 사고는 수동적이고 소극적이며 아무것도 할 수 없게 만든다. 최악의 경우 절망의 촉발 사고는 자멸적인 촉발 사고로 이어질 수 있으며 드문 경우 자살 시도로 이어지기도 한다.

자살 관련의 촉발 사고

'어떻게 하면 모든 걸 끝낼 수 있을까? 아무도 나를 그리워하지 않겠지. 그냥 죽어버렸으면 좋겠어.'

기나긴 반추를 하다 보면 자살 생각으로 이어지는 경우도 많다. 자살과 연관된 촉발 사고는 실제로 자살 계획으로 이어질 수 있다. 유서를 작성하는 사람들도 있다. 반추가 구체적일수록 생명에 더 위협적이다. 자살에 관한 반추가 실제 행동으로 옮길 위험을 증가시키기 때문이다.

우울증을 앓는 사람들에게 자살에 대한 생각은 우울증에서 벗어날 길이 있다는 느낌을 주기 때문에 위안이 되기도 한다. 따라서 자살에 대한 반추가 다른 우울하고 힘겨운 반추의 자리를 대신할 수 있다.

만약 자살 충동을 느끼는 사람이 있다면 즉시 의사나 심리치료사에게 도움을 요청하길 바란다. 이 책을 통해 혼자만의 힘으로 치유할 수 없다.

각자의 촉발 사고가 무엇인지 파악했다면, 다음 단계는 우리가 하루에 얼마나 많은 시간을 반추하는지 알아내는 것이다. 이 책에 나오는 네 명의 내담자들은 메타인지치료를 받기 전 하루에 적게는 6시간에서 많게는 깨어 있는 시간을 모두 반추하는 데 썼다.

촉발 사고는 구체화된 진실일 수 있다

어떤 사람은 내가 '촉발 사고'라고 말하는 것을 불편하게 여길 수도 있다. 그들은 이 용어가 생각은 하찮고 중요하지 않음을 시사한다고 느낄지도 모른다. 134쪽에서 만나볼 메테는 이 용어를 불편해했다. 그녀는 전 동료 두 명에게 괴롭힘을 당했고 상담을 받으러 나를 찾아왔을 때 그녀는 아주 힘들어했다. 그녀는 '촉발 사고'를 그냥 무시할 수 있어야 하는 생각이라는 듯 별것 아닌 것으로 여겼다. 하지만 촉발 사고는 그런 의미가 아니다. 촉발 사고는 메테가 수년간 괴롭힘을 당한 후 사교 모임에 대한 두려움을 가지게 된 것처럼 매우 현실적인 우려를 나타낼 수 있다. 또한 죽음을 두려워하던 레이프(159쪽)와 실패를 두려워한 나타샤(90쪽)의 이야기도 함께 살펴볼 것이다. 촉발 사고는 당신이 해고당했거나 버려졌거나 아팠거나 파산한 적 있는 것처럼 실질적인 사실이 될 수 있다. 그 생각이 실제 사실을 기반하고 있기 때문에 이런 생각을 계속 곱씹어야 한다고 믿을지도 모른다.

그러나 아무리 반추가 현실에 뿌리를 두고 있다 하더라도 당신에게 전혀 도움이 되지 않는다. 그것은 해고와 관련된 불안감, 버려진 후의 슬픔, 질병의 고통, 파산으로 인한 모욕을 없애주지 않는다. 새로운 일자리, 건강, 안정적인 재정 상태는 차치하고 행복과 자존감, 통찰을 얻는 데도 도움이 되지 않는다. 오히려 앞으로 어느 누구에게도 사랑받지 못하는 건 아닌지, 새로운 일자리를 찾지 못하는 건 아닌지 걱정만 계속하게 된다. 이런 생각이 반추하는 사람들을 우울하게 만든다.

우리는 생각하는 데 많은 에너지를 쏟지 않고도 우리를 불편하게 하는 것들에 대해 잘 알 수 있다. 내 인생의 모든 진실을 보면, 내가 에너지를 쏟지 않고도 정말 많은 것을 알고 있다는 사실을 발견한다. 이것은 저절로 작동하도록 그냥 내버려 둘 수 있는 지식이다.

나는 내가 칠리를 많이 넣은 태국 음식을 좋아하고 강한 맛의 간을 좋아하지 않는다는 것을 안다. 또한 선거가 진행되기 훨씬 전에 내가 어느 후보에게 투표할지, 어느 후보에게 투표하지 않을지 알고 있다. 오늘이 무슨 요일인지 안다. 시내로 가려면 몇 번 버스를 타야 하는지 알고 있다. 하지만 이런 사실들은 내게 큰 의미가 없다. 우리는 우리에게 중요하지 않은 기분 나쁜 일들에 대한 많은 정보를 갖고 있다. 하지만 그 기분 나쁜 일들이 개인적인 것일 때 그 생각은 더 오래 머문다. 우리는 모두 실패자처럼 느껴본 경험이 있을 것이다. 내가 충분히 잘하고 있을 때도 있고, 어리석게 행동한 때도 있다는 걸 안다. 그러나 반추는 우리를 더 슬프게 만들 뿐인데 왜 반추하는

가? 내가 패배자라는 사실을 확신할지라도 그 확신을 더 강화하지만 않는다면 그 감정은 사라지고 자존감이 다시 돌아올 것이다. 중요한 사실은 불편한 진실도 사실에 기반한 진실처럼 우리 마음에 담아둘 필요 없다는 것이다.

반추에 얼마나 많은 시간과 에너지, 관심을 쏟고 싶은지 결정하고 통제권을 잡는 것이 중요하다. 반추에 쓰는 시간을 줄이기로 결정하면 어려운 생활환경에서도 생각하는 습관을 통제할 수 있고 따라서 또 다른 문제인 우울증과 씨름하지 않아도 된다는 걸 경험하게 될 것이다.

첫 촉발 사고가 우울증으로 이어지는 여정은 결코 짧지 않으며 무수한 반추를 수반한다. 대다수의 내담자들이 하루에 많은 시간을 곱씹으며 힘들어한다. 오랜 기간 생각을 되풀이하는 습관이 생기면 기운이 없어지고 절망감과 정체감을 느끼며 불면증을 겪는 등 여러 우울 증상이 나타난다. 나는 당신을 좌절시키려는 것이 아니라 당신의 촉발 사고가 무엇인지 아는 것의 중요성을 강조하기 위해 이렇게 자세히 설명하는 것이다. 촉발 사고와 친숙해져야만 그것을 알아보고 인생을 살면서 그 촉발 사고를 어떻게 대해야 할지 선택할 수 있다.

다음의 표―에이드리안 웰스의 메타인지 모델―는 촉발

사고에서 우울증으로 가는 진행 과정을 보여준다. 촉발 사고에서 바로 우울증으로 넘어가는 화살표는 없다는 사실을 기억하자. 우리에게 증상을 일으키는 것은 부정적인 촉발 사고가 아니다. 이런 생각들은 몇 초간 지속될 뿐이다. 우리가 촉발 사고를 다루고 처리하는 데 쏟는 많은 시간이 우울 증상을 유발한다.

그러므로 우리는 부정적인 생각과 확신을 가져도 우울해지지 않을 수 있다. 아마 실제로 경제적으로, 정서적

촉발 사고	인지주의 증후군 반응	기분/증상
• 나는 왜 기분이 좋지 않은 걸까? • 나는 뭐가 문제일까? • 내 문제를 해결하려면 어떻게 해야 할까?	• 반추하기 • 걱정하기 • 기분 점검하기 • 상황과 사람들 회피하기 • 잠이나 알코올 등으로 감정 둔화하기 할애하는 시간 • 하루에 많은 시간	• 슬픔 • 의기소침 • 피곤함 • 절망 • 혼자 있길 바라는 마음 • 섹스에 대한 관심 저하 • 불면증

출처: 웰스의 2009년 AMC 모델

으로, 건강상으로 어려움을 겪으면서 부정적인 생각을 갖고 있지만, 우울증은 앓고 있지 않은 사람을 본 적 있을 것이다.

이를 직접 경험해본 사람들도 많을 것이다. 우리는 '나는 왜 부족하지?'라는 생각 자체가 우울증으로 연결될 거라고 생각하지 않은 채 이런 생각을 자주 한다.

우울증의 원인은 앞의 표에서 볼 수 있듯이 촉발 사고를 다루는 우리의 부정적인 전략에서 찾을 수 있다. 앞의 표는 인지주의 증후군 반응으로 장기간 처리된 촉발 사고가 어떻게 당신의 기분에 영향을 미치고 증상을 유발하는지 보여준다. 아침에 갑자기 촉발 사고가 떠올라 내가 그 생각의 기차에 올라탄 후 몇 시간 동안 그 생각을 분석하고 처리한다면, 오후에 내가 기분이 좋지 않을 확률이 아주 높다. '내 삶의 의미는 대체 무엇이지?'라는 촉발 사고는 '내 삶은 완전히 무의미해!'로 이어지기 쉽다. 삶의 내부·외부 사건에 대해 깊이 생각하는 데 얼마나 많은 시간을 할애하는지에 따라 우리가 그저 자연스러운 괴로움이나 슬픔의 감정을 느끼는지, 아니면 우울증에 걸릴지 결정된다.

다시 한번 얘기하자면, 원래 우울증을 유발하는 것은

부정적인 생각이 아니다. 그렇기 때문에 부정적인 생각을 긍정적인 생각으로 바꿀 필요 없다. 그저 생각을 있는 그 대로 두면 된다.

내담자가 상담을 받기 위해 나를 찾아오면 나는 가장 먼저 다음에 나오는 표를 보여주고 각자의 촉발 사고와 반응, 그로 인한 증상을 채워보게 한다. 그리고 어떤 생각 이 그들에게 직접적인 영향을 미치고 그들의 반추를 작 동시키는지 물어본다. 각자의 촉발 사고와 현재 사용하 는 전략을 정확히 알기 힘들 수도 있기 때문에 진행 상황 에 따라 완성된 양식(106쪽)을 보여주기도 한다. 나는 내

담자에게 가장 최근에 마음이 울적하거나 기분이 안 좋았던 때에 대해 물어본다. "당신을 이런 상황으로 밀어붙인 첫 번째 생각은 무엇이었습니까?" 그것이 바로 그들의 촉발 사고다.

그리고 그 생각이 떠올랐을 때 어떻게 했는지 물어본다. "생각이 떠오르는 대로 가만히 두었나요? 아니면 그 생각을 곱씹었나요?" 대부분 내담자들은 그 생각을 곱씹어 보았다고 답한다. 그들의 촉발 사고를 반추하고, 기분을 점검하고, 걱정하고, 그들이 좋아하지 않는 상황을 회피하고, 알코올로 감정을 무디게 하는 것 같은 '부적절한 대응 기제'를 발휘하는 데 하루에 몇 시간을 할애하는지도 물어본다. 나는 표의 가운데에 그들이 할애한 시간을 적어 놓는다. 내가 실제 상담센터에서 하는 치료법은 다음과 같다.

촉발 사고와 반추 시간 알아차리기

상담센터에서 나는 생각에 관한 대화로 상담을 시작한다. 조금 추상적으로 들릴 수도 있지만 이것이 촉발 사고와 반추를 깨닫기 위한 첫 단계다.

예를 들면, 내담자에게 이렇게 묻는다. "당신은 언제

반추하나요? 반추하는 시간은 어느 정도인가요?" 그중 가장 중요한 질문은 "어떤 촉발 사고가 반추를 시작하게 하나요?"일 것이다.

나는 내담자들에게 반추하는 데 많은 시간을 쓰지 않도록 생각이 반복될 때를 빨리 알아차리라고 말한다. 물론 쉬운 일은 아니다. 어쩌면 퇴근 후 혹은 식사를 준비하는 동안, 정말 보고 싶었던 TV 프로그램을 보는 동안 머릿속에는 생각이 가득 차 있을 수도 있다. 더 많은 시간을 곱씹을수록 — 일일 반추 시간^{daily rumination time} — 우울 증상이 나타날 위험이 커진다.

나타샤^{Natacha}의 생각 줄이기

*"나는 생각을 있는 그대로 바라보고
다른 곳으로 주의를 옮기는 데 능숙해졌다."*

의사가 나에게 메타인지 그룹 치료를 제안했을 때 나는 혼란스러
웠다. 다른 사람들 앞에서 내 문제를 모두 털어놓고 다른 사람들
의 힘든 경험을 들을 여유가 없었다.

나는 의사에게 학창 시절에 겪은 모든 일뿐만 아니라 교육과
감정에 관한 힘겨운 선택들에 대해서도 모두 털어놓았다. 나는
이 모든 이야기를 다시 누군가에게 해야 한다는 게 힘겨웠다. 이
야기하는 동안 다시 마음이 힘들어질 것이고 끝내고 나면 기운
이 완전히 빠져버릴 걸 알았다. 그래서 그룹 치료에 참여하기로
결심하기까지 고민이 많았다. 그러나 다른 사람들과 함께 자리
에 앉자마자 우리가 각자 어떤 마음의 짐을 안고 이 자리에 왔는
지는 아무 상관없다는 걸 깨달았다. 그룹 치료는 자유로웠고 완
전히 새로운 사고방식을 보여주었다. 이전에 나는 심리상담가와

함께 내 생각을 구조화하고 논리적이고 긍정적으로 바꾸는 데 주력했다. 그러나 내 생각에 얼마나 많은 에너지를 쏟을 것인지 스스로 통제할 수 있다는 걸 알고 나니 마음이 놓였다. 생각을 통제할 수는 없지만 생각에 주의를 기울일지 말지는 오롯이 우리의 선택에 달려 있다.

메타인지치료에서 나는 현실적인 것을 두려워하든 비현실적인 것을 두려워하든 차이가 없다는 걸 배웠다. 그것보다는 인생에서 일어나는 사건들과 경험에 얼마나 많은 관심과 에너지를 쏟을지를 내가 통제할 수 있음을 이해하는 게 중요하다. 이런 사고방식은 내 삶을 완전히 바꿔놓았다. 내가 어떤 일을 겪었던지 나는 내 생각을 어떻게 할지 스스로 통제할 수 있다.

곱씹고, 걱정하고, 점검하고

내 증상은 아주 어렸을 때부터 시작되었다. 세 살이 되던 해 여동생이 태어났고 엄마는 큰 병에 걸렸다. 몇 년 동안 엄마는 자주 집을 비우며 병원을 드나들었다. 나는 심각한 복부 통증에 시달리기 시작했다.

나는 학교에서 공부는 곧잘 했으나 친구들을 사귀는 게 쉽지 않았고 다른 친구들이 나에게 무관심하다고 느꼈다. 열네 살이 되던 해 복부 통증이 다시 나타났지만 의사들은 이 증상의 어떤 신체적 원인을 발견하지 못했기에 심리상담사를 만나보길 권했다. 나는 수행 불안performance anxiety에서 오는 스트레스 관련 우울증이라는 진단을 받았다. 아빠와 심리상담사의 도움에도 우울증은 계속 재발되었다. 중학교에 입학하고 상태는 급격히 나빠졌고 나는 극심한 우울증과 불안을 겪었다.

나는 인지치료를 받고 증상이 많이 완화되었지만 치료를 너무 일찍 그만두었다. 나는 환각과 환청을 겪기 시작해서 정신과 의사를 찾았다. 하지만 한 번의 상담을 끝으로 치료를 다시 그만두었다. 모든 일에서 도망치기 위해 남자친구와 새로운 도시로 떠났기 때문이다. 한결 기분이 나아졌지만 오래 지속되지 않았다.

나는 고등학교를 떠나 직업 훈련 교육을 받기 시작했고 주유소에서 일자리를 얻었다. 얼마 후 상사가 병가를 내면서 내가 그의 일을 인계받게 되었는데, 그때 나는 그것이 내가 잘할 수 있는 일이자 만족감을 주는 일이라는 걸 깨달았다. 직업 훈련 교육 시험을 본 후 나는 사범 대학에서 공부를 시작했고 임신하기 전 반년 동안 학교에 다녔다. 남자친구와 나는 정말 아이를 갖고 싶었다. 집에서 2시간 거리에 있는 학교를 통학하는 것도 힘들었지만, 나는 다른 사람들이 나를 좋아하지 않을까 봐 항상 걱정했기 때문에 친구를 사귀는 데도 많은 에너지를 쏟았다. 나는 학교생활에서 오는 스트레스가 임신에 영향을 미칠까 겁이 나서 의사와 상담을 했고 결국 학교를 쉬기로 결정했다. 의사가 나에게 메타인지치료를 제안한 건 내가 출산 휴가를 냈을 때였다.

나의 가장 큰 문제는 언제나 생각을 너무 많이 한다는 것이었다. 나는 목록을 쓰고 계획을 세우고 반추하며 숙고했다. '내가 어제 한 얘기 때문에 누군가 화가 난 건 아닐까?' '지금 내 머리 모양은 괜찮을까?' '지금 함께 앉아 대화를 나누고 있는 사람들이 내가 멍청하다고 생각하진 않겠지?' '나는 못생기고 뚱뚱한가?' 등 거의 모든 일을 지나치게 많이 생각했다. 영화나 TV 프로그램을 보면서 생각 스위치를 내리지 않는다면, 내가 깨어 있는 내내 생각이 머릿속에 맴돈다. 나는 긴장을 풀고 잠드는 것도 어려웠다. 내 뇌는 거의 24시간 가동 중이었다.

그냥 흘러가도록 내버려 두기

나는 메타인지 그룹 치료에서 나에게 꼭 필요한 깨달음을 얻었다. 나는 언제나 자기 개발과 자기 개선에 큰 관심이 있었다. 그곳에서 나는 지나친 자기분석은 문제를 일으킬 수 있다는 걸 배웠다.

심리상담가는 메타인지치료에 회의적이었던 참가자들에게 이 치료법을 꼭 신뢰할 필요 없이 그냥 시도해보는 것만으로 충분하다고 말했다. 그녀의 말은 나에게 큰 인상을 남겼다. 참가자들은 긍정적으로 생각하기, 명상, 마음챙김 등 그들이 당시에 시도하고 있던 모든 방법들을 잠시 멈추고 메타인지치료에 집중했다. 그리고 그들은 메타인지치료의 효과를 경험했다.

우리는 그룹 치료를 통해 서로에게 큰 도움이 되었다고 믿는다. 그곳에서는 내가 받았던 다른 치료들처럼 2시간 내내 힘들었던 경험을 얘기하지 않았다. 우리는 1분 30초 동안 각자 이곳에 온 이유를 설명했다. 모든 참가자들은 빠른 진전을 보였다. 섭식 장애를 앓든, 외상후 스트레스장애를 앓든, 우울증 혹은 전혀 다른 증상을 갖고 있든 전혀 관계가 없었다. 우리는 모두 촉발 사고를 갖고 있었다. 다만 촉발 사고의 종류가 다를 뿐이었다. 다른 사람들이 들려주는 얘기를 들을 수 있어서 좋았다.

나는 내 생각을 있는 그대로, 수동적으로 바라보는 것이 힘들었다. 하지만 내면에서 외면으로 주의를 옮기는 건 어렵지 않았다. 그래서 나는 그때 내가 하고 있는 것에 집중하는 법을 배웠다. 예를 들어, 내가 설거지를 하는 동안 반추하기 시작하면 나는 비누 거품이 어떻게 생겼는지에 대해 생각하는 것이었다. 예전 같으면 감정에 사로잡혔을 만한 상황에서 이제 나는 화를 내거나 속상해하는 나 자신을 탓하지 않기 때문에 생각을 쉽게 내려놓을 수 있다. 이제 그 생각이 아닌 다른 것에 집중한다.

치료를 받으며 들은 비유 중 내가 가장 좋아하는 말이 있다.

'문을 닫기 위해 꼭 붙잡고 있으면 그 문에서 멀어질 수 없다.' 어떤 생각을 꼭 붙잡고 있다면 절대 그 생각에서 벗어날 수 없다. 생각을 가만히 내버려 두어야 그 생각에서 멀어질 수 있다. 다른 곳으로 가자. 생각을 억누르거나 당신이 느끼는 감정을 부정하려 애쓰지 말자. 그저 주의를 다른 곳으로 옮기고 다른 것에 집중해본다.

최근에 가족 중 한 명이 뇌종양 검사를 위해 정밀 촬영을 했다. 의사는 정밀 검사에서 무언가를 발견했지만 정확히 무엇인지 파악하기 어려웠기에 검사를 한 번 더 받아보기로 했다. 과거의 나였다면 이 일에 대해 생각하느라 많은 시간을 쏟고 속상해했을 것이다. 하지만 지금은 걱정이 될 때마다 이런 감정으로 건설적인 일은 아무것도 할 수 없다는 걸 안다. 나는 생각이 떠오르는 대로 가만히 둘 수 있다는 걸 깨달았다. 나는 지금은 아무것도 알아낼 수 없다. 그저 당사자가 일이 어떻게 진행되고 있는지 나에게 알려줄 때까지 기다릴 수밖에 없다. 그래서 지금은 걱정스러운 생각이 올라올 때마다 그냥 내버려 둔다. 그리고 하루를 계속 살아간다.

열네 살 이후로 처음으로 나는 앞으로 평생 우울 증상을 겪지 않을 것이라는 확신이 들었다. 우울증이 호전되었을 때도 나는 언제든지 증상은 다시 시작될 수 있다고 생각했다. 그러나 이번에는 다시 우울해지지 않을 것이라고 확신했다. 이제 나는 우울증을 피할 전략을 갖고 있다. 나는 더 이상 우울증이 재발할까 걱정하지 않는다. 이건 정말 놀라운 일이다. 게다가 고작 12시간의 상담 치료로 이런 결과를 이뤄냈다!

나는 다시 일할 준비가 되었다. 주유소에서 관리자 자리를 제안받게 되어 정말 기쁘다. 나는 이제 세상으로 나가 무언가를 할 준비가 되었다. 다시 무엇이든 할 수 있게 되어, 삶을 다시 살 수 있게 되어 정말 행복할 뿐이다.

나타샤의 촉발 사고가
우울증으로 진행되는 과정

힘겨운 어린 시절을 보낸 나타샤는 어린 나이에 불안과 우울증을 경험했다. 촉발 사고의 시작점은 과거에 일어난 일에 대한 답을 찾는 것과 실패에 대한 두려움이었다. 촉발 사고는 보통 그녀가 다른 사람들과 시간을 보냈거나 보냈어야 하는 날에 일어났다.

촉발 사고	인지주의 증후군 반응	기분/증상
• 그는 왜 그런 말을 했을까? • 어린 시절에 왜 그런 일들이 모두 일어났을까? • 나는 아이들에게 괜찮은 엄마일까?	• 사색하기 • 계획하기 • 기분 점검하기 • 생각 밀쳐내기 • 생각 보류하기 • 불편한 상황 회피하기 할애하는 시간 • 하루 15~18 시간	• 슬픔 • 피로 • 낮은 자존감 • 불면증

증상을 악화시키는 나타샤의 과거 전략	증상을 극복한 나타샤의 새로운 전략
사고방식 나는 다른 사람들에 대해 분석하고, 걱정하고, 반추했다. 나는 논리적으로 생각하고 계획하려 노력했다.	사고방식 나는 반추하는 데 시간을 덜 할애하고, 반추하는 시간을 따로 정해놓는다. 내가 다른 사람에 관해 반추하는 횟수가 줄어들었다. 나는 부정적인 생각을 처리하는 데 시간을 덜 쏟는다.
주된 관심사 나는 내 생각과 감정에 많이 집중했다. 나는 계획과 통제에 집중했다.	주된 관심사 나는 내 주변에 지금 일어나는 일에 집중한다.
행동 나는 여러 상황을 회피했다.	행동 나는 더 빨리 결정을 내린다. 나는 생각과 기분과 관계없이 일을 처리한다.

내 생각에 대해 알게 된 점

나는 내가 얼마나 반추하고 계획하는지를 스스로 통제할 수 있다는 걸 배웠다. 생각에 얼마나 관심을 쏟을지 결정하는 것은 바로 나 자신이다. 나는 반추를 통해 어떤 해결책도 찾지 못한다.

Part 3

당신은 선택할 수 있다

촉발 사고와 지나치게 많이 생각하는 습관을 인식하고 나면, 촉발 사고에 대해 얼마나 생각할지를 결정하는 사람은 바로 자신이므로 스스로에게 선택권이 있다는 걸 깨닫게 된다. 나는 내담자들이 처음 메타인지치료를 시작할 때 그들이 반추를 어느 정도 통제할 수 있는지 물어본다. 대부분 사람들은 고개를 저으며 스스로 통제하기는 불가능하다고 말한다.

나는 다음의 척도를 보여주고 통제력이 얼마나 부족한지 표시해달라고 부탁한다. 만약 100퍼센트라고 답하면, 그들은 반추하는 행위를 전혀 통제할 수 없다는 의미다. 0퍼센트는 완전한 통제력을 갖고 있다고 믿는 것이다.

대부분 내담자들은 50~100퍼센트 사이에 표시한다. 그들은 대부분 지나치게 많이 생각하는 습관을 통제할 수 없다고 여긴다.

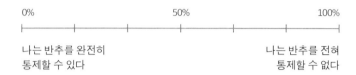

0%　　　　　　　　　　50%　　　　　　　　　100%

나는 반추를 완전히
통제할 수 있다

나는 반추를 전혀
통제할 수 없다

한 번도 반추를 통제하는 데 성공한 적 없다고 말하는 내담자들도 있고, 통제력을 잃어버렸다고 말하는 내담자들도 있다. 나는 그들의 신념과 관계없이 그들 내면에는 늘 통제력이 내재되어 있기 때문에 언제든지 이를 재발견할 수 있다고 말한다. 나는 치료를 통해 각자가 갖고 있던 통제력을 다시 발견하고 반추를 통제하기 위한 올바른 주의 기술을 사용하게 돕는다(이 기술들에 대해서도 곧 배워볼 것이다).

상담 치료를 통해 내담자들이 이 통제력을 재발견할 수 있도록 나는 보통 다음의 시나리오를 준비한다. 당신이 지금 집에 앉아 당신의 인생에서 직면한 몇 가지 문제들을 곱씹고 있다고 상상해보자. 당신이 깨닫기도 전에 벌써 기분이 나빠진다. 당신이 반복해서 떠올리던 문제는 또 다른 문제로 대체되고 얼마 후 당신의 머릿속에는 우울한 생각이 뒤죽박죽 섞인다. 그러다 갑자기 초인종 소리가 들린다. 문 앞에는 우유가 떨어져 당신에게 빌리러 온 이웃이 서 있다. 당신은 냉장고에서 우유를 찾는 동안 그녀와 날씨에 대한 대화를 나눈다. 짧은 시간 안에 당신의 관심은 절망적인 상황에 대한 어두운 생각에서 다른 주제로 옮겨간다. 당신의 기분은 어떻게 변했는가? 아마도 기분이 조금 나아졌을 가능성이 크다.

이웃이 초인종을 눌렀을 때 당신은 당신도 모르게 생각의 기차에서 뛰어내렸다. 초인종과 같은 방해 요소는 당신의 반추를 잠시 멈추게 하거나 완전히 사라지게 한다. 당신의 자제력에 대해 어떻게 생각하는가? 당신의 반추를 통제하는 사람은 누구인가? 당신의 이웃이었는가? 아니면 당신이었는가? 이웃과 부엌에 서서 날씨에 대해 대화를 나누는 동안에도 당신은 계속 반추할 수도 있었다. 다음에 그녀가 무언가를 빌리러 당신을 또 방문한다면, 잠시 대화에서 빠져나와 의식적으로 당신이 대화를 나누고 있던 것 외의 다른 문제를 생각할 수 있는지 시도해보자. 분명히 할 수 있을 것이다. 사람들은 사실 명령에 따라 생각하는 것에 능숙하다.

따라서 만약 의식적으로 당신의 문제를 생각하도록 할 수 있다면, 반대로 생각을 멈추게 할 수도 있다. 반추를 멈추게 하는 건 외부의 방해밖에 없다고 생각할 수 있다. 그러나 논리적으로 생각해보면 이웃은 자기 자신의 마음 외에는 다른 어떤 마음도 통제할 힘이나 능력이 없다는 걸 알 수 있다. 생각을 내려놓고 당신의 이웃과 나누는 대화에 주의를 옮기기로 결정한 것은 바로 당신이다. 그러므로 당신의 반추를 통제한 사람은 당신인 것이다.

내담자들이 이런 결론에 얼굴을 찌푸리며 의구심을 보일 때 나는 최근에 자신의 문제나 증상에 대해 반추했던 적을 떠올려보라고 한다. 그리고 그때 얼마 동안 생각했는지 묻는다. 5시간? 그렇다면 왜 더 오래하지 않았을까? 무엇 때문에 10시간 혹은 15시간 동안 하지 않았는가? 한 사람이 얼마나 오랫동안 고민할지 결정하는 것은 문제의 중요도나 크기가 아니라 이 평가를 내리는 사람 자신이다.

앞서 얘기했듯이 지나치게 많이 생각해서 일어나는 문제는 생각과 반추를 줄여야 극복할 수 있다. 그래서 메타인지치료에서는 생각과 씨름하지도, 생각을 바꾸지도 않는다. 단지 반추하는 시간을 줄일 뿐이다. 치료를 진행하는 동안 반추를 제한하는 세 가지 방법을 제시한다. 세 가지 방법 모두 예전의 습관과 신념이 새로운 습관으로 바뀔 수 있게 당신의 내적 통제 체계가 변해야 한다.

- **첫 번째 방법**: 'A. 연기-반추 시간 설정하기'다. 이 방법은 내담자가 직접 정한 어느 시점까지 반추를 연기하는 것이다. 이것을 반추 시간 rumination time 이라고 부른다. 반추 시간 전후로 내담자가 B와 C방법을 활용하길 제안한다.
- **두 번째 방법**: 촉발 사고가 일어나더라도 내담자가 'B. 주의를 통제할 수 있는 법'을 가르쳐준다.
- **세 번째 방법**: 'C. 주의를 분리하는 법'을 배움으로써 촉발 사고를 잡아두지 않고 그저 바라본다.

이 사례가 보여주듯이, 머릿속에 촉발 사고가 떠오를 때 우리는 선택을 내려야 한다.

머릿속에 촉발 사고가 떠오른다.
당신에게 선택지가 있다. 당신은 어떻게 할 것인가?

| A. 반추하고 분석한다–하지만 시간을 정하고 그 시간까지 생각을 연기한다. | B. 주변에 일어나는 일이나 당신이 하고 있는 활동으로 주의를 옮긴다. | C. 생각을 있는 그대로 둔다 (거리를 두는 마음챙김detached mindfulness). |

우리는 항상 통제하고 있었다

세 가지 방법을 하나씩 살펴보자. 첫 번째 방법을 알아보기 전에 우선 반추는 기운을 떨어뜨리고 우울 증상을 유발시킨다는 점을 다시 한번 강조한다.

삶을 살아가며 우리는 모두 많은 문제와 그것과 관련된 부정적인 생각을 경험한다. 연인과의 문제도 일어나고 학교나 직장에서 좌절도 경험하며 가족과 친구들에게 실망할 일도 생긴다. 그 결과 우리는 '그들은 나를 왜 떠났을까? 나는 자격이 충분한데 왜 그 자리를 얻지 못했을까? 친한 친구들이 왜 우리와 휴일을 보내고 싶어 하지 않을까?'와 같은 질문들을 던진다.

부정적인 생각은 보통 저절로 사라진다. 잠시 후 현실이 개입하면 과거의 경험은 뒤로 물러난다. 그래서 우리의 뇌와 생각을 통제하는 것이 외부 요인(이웃이 방문해서 담소를 나누는 것)이라고 믿게 된다. 하지만 이건 사실이 아니다. 당신의 머릿속에서 일어나는 일을 통제하는 것은 당신뿐이다. 우리는 각자의 촉발 사고를 통제하기 위해 어떤 전략을 쓸지 결정할 힘을 갖고 있다. 부정적인 생각의 기차가 그냥 지나가게 둘 수도 있고―당연히 그 생각 때문에 어느 정도 화나 걱정이 일어날 것이다―그 기차에 올라타서 생각이 우리를 휩쓸고 가도록 둘 수도 있다. 생각의 기차를 오래 타고 있을수록 감정은 더 격해진다.

경험이나 감정에 지나치게 집중하는 경우를 설명할 때 '몰두하다cultivate'라는 단어를 쓰기도 한다. 우리는 우리 안에 있는 슬픔을 쏟아내기 위해 '우리만의 노래'를 반복해서 들으며 싸우거나 이별한 후에 연애 문제에 몰두하기로 선택한다. 우리는 일기를 쓰거나 가족, 친구들에게 털어놓거나 스스로 분석하면서 슬픔을 '없애고' 통제력을 얻으려 한다. 하지만 우리가 아무리 노력해도 이런 행동은 반대 효과를 낸다. 우리는 슬픔을 쏟아내지도, 슬픔을 떨쳐내지도 못한다. 우울증이 생길 때까지 이 문제를 붙들고 계속 유지시킬 뿐이다.

메타인지치료를 진행하는 동안 나는 "머릿속에 떠오르는 모든 생각을 어떻게 해야 할까요? 모두 밀쳐내야 하나요?"라는 질문을 많이 받는다. 나의 답은 확고한 "아니오."다. 문제는 우리가 생각한다는 사실에 있지 않기 때문에 생각을 억누르는 것이 해결책이 될 수 없다. 또한 알코올이나 음식, 섹스, 약물, 자해, 장시간 근무, 게임 등으로 생각과 감정을 무디게 하는 것도 좋은 방법이 아니다. 기분 풀이 오락이나 주의를 돌리기 위한 방법들에 끌리기 쉽지만 이것은 효과적이지 않다. 한 가지 확실한 점은 물 아래로 밀어 넣어도 계속 떠오르는 고무 오리처럼 부정적인 생각도 우리가 억누르려 해도 표면으로 떠오른다는 것이다.

가끔 내담자들은 더 괴로운 생각에 휘말리지 않으려고 한 가지 특정한 생각을 반추한다고 말한다. 머릿속이 재정 상태나 쇼핑, 청소처럼 일상적인 걱정으로 가득 차면 '내가 남편을 진심으로 사랑하는 걸까?' 혹은 '나는 가치 있는 사람일까?' 같은 더 심각한 촉발 사고가 들어올 자리가 없다. 나는 이 전략을 '반추 전략에 대해 반추하기'라고 부른다. 당연히 이 방법으로 어떤 문제도 해결할 수 없다. 사실 이것은 장기적으로 생각을 억압해서 결국 우울증으로까지 이어지게 할 수 있다. 해결책은 생각을 떠오르는 대로 가만히 두는 것이다. 웰스가 말한 것처럼 "아무것도 하지 않기 위해 할 수 있는 모든 걸 하라." 이것은 생각을 적게 할수록 당신에게 더 유리하다는 것을 의미한다.

생각을 다루는 첫 번째 방법: 반추 시간 정해놓기

촉발 사고가 불쑥 떠오를 때 우리는 그 생각에 사로잡히게 내버려 두고 싶어진다. '어제 남자친구는 왜 그런 말을 했지? 그게 대체 무슨 의미였을까? 그가 왜 바람피우는 것 같은 기분이 들까? 어떻게 다른 사람들에 대한 신뢰를 회복할 수 있을까?' 촉발 사고는 현실적인 문제, 도전, 어려움에 대한 것일 수 있는데, 이런 경우는 문제를 해결하기 위해 생각할 필요가 있다. 통찰을 얻고 최선의 답을 찾기 위해 모든 것을 충분히 생각해야 한다. 어쩌면 상사는 우리를 두렵고 불안하게 만드는 진짜 분노 조절 문제를 가졌는지도 모른다. 어쩌면 우리는 교육 과정이나 진로를 선택해서 기한 내에 지원해야 할 수도 있다. 어쩌면 배우자가 외도를 해서 우리에게 실망과 배신감을 안겨주었을지도 모른다.

우리는 이런 문제들을 해결해야 한다. 떠오르는 생각을 막는다거나 생각이 떠오르는 시점을 통제할 수는 없지만, 그 문제에 대해 얼마나 오래 생각할지는 제한할 수 있다. 오랫동안 반추한다고 해서 짧게 생각할 때보다 더 현명한 해결책을 얻는 건 아니다. 우리가 하루에 10시간씩 상사에 대해 반추한다고 해서 상사가 더 착해지지는 않을 것이다. 여러 선택지를 계속 숙고한다고 해서 더 나은 진로 결정을 할 수 있는 것도 아니다. 파트너가 외도하기 전으로 시간을 돌릴 수도 없다. 과도한 반추는 상황을 명료하게 만들기보다 더 혼란스럽게 만든다.

그래서 우리는 반추 시간을 정해 놓아야 한다. 문제를 분석할 수 있는 제한된 시간을 정해 놓는다. 많은 사람들이 출근길이나 식사를 준비할 때, 아이들을 재우고 난 후를 반추 시간으로 정한다. 나는 항상 내담자들이 자신과 가족 모두에게 편리한 시간이되, 가급적 잠자리에 들기 직전이 아닌 시간을 선택하라고 조언한다. 일반적으로 밤 8~9시가 적당하다.

반추 시간에 우리는 생각과 감정, 문제를 분석하고 필요한 결정을 내린다. 만약 밤 8시 전에 촉발 사고가 떠오른다면 있는 그대로 내버려 둔다. 물론 머릿속에 그 생각이 있다는 사실은 알아차릴 수 있지만 그대로 두는 연습을 해야 한다. 만약 우리가 촉발 사고에 휩쓸려 밤 8시 전에 상념에 빠졌다는 것을 깨닫게 되면, 얼른 생각의 기차에서 내려 생각을 그대로 두고 밤 8시까지는 반추하지 않기로 결정한다. 아마 생각의 기차에서 내리려고 애써야 하는 경우가 여러 차례 생길 것이다. 우리의 통제 체계가 바뀌려면 시간이 필요하다.

반추 시간이 의무적인 건 아니다. 어떤 날에 반추할 마음이 들지 않는다면 다음 날 정해놓은 시간까지 생각을 미루어야 한다. 생각할 거리가 너무 많아서 정해진 시간이 부족한 날이라도 반추하는 시간을 더 늘려선 안 된다. 다음 날 약속한 시간까지 기다려야 한다.

중요한 생각은 메타인지가 기억할 것이다

"내가 반추해야 할 것들을 잊어버리면 어떡하죠?" 내담자들이 자주 하는 질문이다. 낮에 떠오른 생각을 그대로 두고 시간까지 기다리다가 중요한 생각을 잊게 되진 않을까? 나중에 잊지 않기 위해 짧은 메모라도 남겨 놓아야 할까? 그럴 필요 없다. 나는 내담자들에게 촉발 사고를 기억하지 못할까 봐 걱정할 필요 없다고 말한다. 만약 정말 중요한 생각이라면─그리고 촉발 사고는 정서적으로 의미 있는 무언가와 관련된 생각을 의미한다─메타인지가 우리를 위해 기억하고 있다가 반추 시간에 떠올려 줄 것이다.

우리의 메타인지는 인생에서 중요한 문제들을 자동으로 기억하게끔 똑똑한 방식으로 설정되어 있다. '나는 내일을 정말 하고 싶은 게 맞는 걸까?'라는 생각이 들었다면 분명히 밤 8시에도 쉽게 기억해낼 수 있다. 정해놓은 시간에 떠오르지 않는 생각이라면 아마 그렇게 중요한 문제가 아닐 것이다.

시간이 흐를수록 긍정적인 감정을 더 자주 느낄 뿐만 아니라 기분도 나아지고 수면의 질도 좋아지는 등 반추 시간을 제한해 놓을 때의 장점을 더 경험하게 될 것이다. 대부분 문제들은 저절로 해결되고 우리는 가장 중요한 문제에만 관심을 가지면 된다는 사실도 깨닫게 된다. 나는 시간을 제한하는 방법만으로 많은 내담자들이 우울증을 극복하는 모습을 목격한다.

얼마 동안 반추해야 할까?

많은 내담자들이 우울증에 걸리고 싶지 않다면 어느 정도 반추해야 하는지 물어본다. 허용치를 정하기는 힘들다. 이것은 대개 우리가 얼마나 생각을 멈출 수 있다고 믿는지에 달려 있다. 각자의 통제력에 대한 믿음은 우리가 고통을 어느 정도 느낄지에 결정적인 역할을 한다. 반추를 통제할 수 있다고 지나치게 확신해서 언제든 생각을 멈출 수 있다고 여기기 때문에 자신에게 너무 긴 시간을 허용한다면, 우리는 반추에 휩쓸리기 쉽다. 우울 증상에서 자유로워지고 싶다면, 나는 시간을 하루에 최대 1시간으로 제한하길 추천한다. '어떤 수업을 들어야 할까? 일자리 제안을 받아들여야 할까? 그 사람과 결혼을 해야 할까? 나는 아이를 낳을 준비가 된 걸까?'와 같은 중요한 결정이나 오래 생각해야 할 것 같은 문제에도 같은 규칙을 적용한다. 타고난 고민 왕들은 '최상'의 결정을 내리기 위해 모든 장단점을 나열해 보며 몇 년씩 고민한다. 하지만 그만큼 시간을 들이거나 오래 생각하지 않아도 같은 결정을 내릴 수 있다. 내가 실제 상담센터에서 하는 치료법은 다음과 같다.

일일 반추 시간 설정하기

메타인지치료를 위해 나를 찾는 사람들의 한 가지 공통점은 하루에도 몇 시간씩 생각을 곱씹는다는 것이다. 그래서 치료를 받는 동안 그들은 반추 시간을 설정하는 법을 배운다. 목표는 늦은 오후 혹은 저녁처럼 내담자가 지킬 수 있는 시간대에 하루에 최대 1시간까지 반추 시간으로 지정하는 것이다.

반추 시간을 설정한다는 것은 만약 오전 10시에 촉발 사고가 떠올라도 밤 8시가 되기 전까지는 절대 그 생각을 분석할 수 없다고 단호히 말하는 것이다. 만약 자기도 모르게 정해놓은 시간이 아닌 시간에 생각의 기차에 올라 탔다면, 깨닫는 즉시 기차에서 뛰어내리고 약속한 시간까지 생각을 더 진행하지 않아야 한다.

물론 반추 시간이 의무적인 것은 아니다. 즉, 생각이 필요하지 않거나 중요하지 않다고 느끼면, 다음 날 반추 시간까지 연기할 수 있다.

생각을 다루는 두 번째 방법: 주의 통제하기

생각에 대한 통제력을 잃었다고 느끼는 내담자들을 많이 만난다. 그들은 "내 생각을 제어할 수 없어요." "더 이상 예전처럼 내 생각을 통제할 수 없어요."라고 말한다. 아무도 생각의 기차를 제어할 수는 없지만, 그 생각에 얽매일지, 아니면 생각으로부터 거리를 둘지는 우리가 선택할 수 있다. 이 통제력을 올바른 방식으로 활용할 때―생각 자체를 통제하는 게 아니라 생각을 다루는 방법을 통제할 때― 우리는 완전한 통제력을 갖고 있다는 걸 알게 된다.

우리는 생각 자체 때문이 아니라 그 생각을 지나치게 오래 곱씹기 때문에 슬프거나 우울해진다는 사실을 기억하자. 그러면 모든 것이 엉망이 되고 인생이 힘들어져도 이에 대해 우울해하지 않을 수 있다. 이것은 우리가 통제력을 의식하고 있지 않더라도 반추를 통제하고 있다고 느끼기 때문이다. 생각하는 습관을 통제한 경험이 있고 반추 시간을 제한하는 데 이 통제력을 발휘해 본 사람은 우울해지지 않는다. 당연히 힘든 날도 있고 낙담하는 순간도 오겠지만 중심을 잃지 않으며 안전장치가 있다고 믿는 사람들은 우울증이 생길 때까지 오래 생각에 잠겨 있지 않는다.

우울증을 앓고 있는 사람이나 과거에 우울증을 앓았던 사람들도 모두 이 안전장치를 갖고 있다. 그들의 자제력도 우울증을 한 번도 앓은 적 없는 사람들만큼이나 훌륭하다. 다만 그 사실을 믿지 않을 뿐이다. 촉발 사고와 반추를 인지하고, 반추를 미루는 법을 터득하며, 주의를 촉발 사고에서 다른 곳으로 옮기거나 거리를 둠으로써 자신의 자제력을 신뢰할 수 있게 된다.

우울증을 극복할 때 주의 훈련은 메타인지치료의 중요한 부분이다. 내담자와 만나는 첫 시간에 나는 에이드리안 웰스의 주의력 훈련 기술attention training technique(ATT)을 소개한다. 이 기술에 대한 훈련은 치료가 진행되는 동안 계속된다.

주의 훈련은 인식 훈련인데, 이 훈련의 목적은 우리 주변에 일어나는 일이나 우리의 생각, 감정과 관계없이 관심을 다른 곳으로 옮길 수 있다는 걸 깨닫기 위함이다. 우리는 내면에 집중할 것인지, 더 넓은 세상에 집중할 것인지, 아니면 주의를 동시에 여러 요인에 둘지 결정한다. 또한 이런 요소들에 얼마나 오랫동안 주의를 기울일지도 결정한다. 이 훈련은 우리 마음에 대한 통제력을 회복하도록 돕는다.

주의 훈련을 매일 실행하는 내담자들은 심리적으로 기분이 나아졌다고 말한다. 그들은 반추를 더 오래 미루고, 그들이 원하는 것에 더 잘 집중하며, 우울 증상을 덜 경험한다. 또한 하루에 여러 차례 자기 생각에 잠기길 원하는지, 아니면 주의를 부정적인 생각이나 감정, 자아상이 아닌 다른 곳으로 옮기고 싶은지 결정할 수 있다고 말한다.

주의 훈련을 시작할 때 나는 내담자들에게 이 훈련은 동시에 다양한 소리를 들을 수 있는 장소에서 진행해야 한다고 말한다. 눈을 뜨고 있어도 괜찮고 마음을 비운 상태가 아니어도 괜찮다. 부정적인 생각이나 기억, 감정이 올라오면 그것을 소리인 것처럼 바라봐야 한다. 그들이 들을 수 있는 수많은 외부 소음 중 하나다. 생각을 떨쳐 내거나 다른 생각을 하려 애써도 안 된다. 내면의 생각이 그냥 흘러가도록 해야 한다. 생각은 잠시 머물다가 다른 생각으로 바뀌거나 아예 사라질 수도 있다. 만약 내담자들이 그 생각에 의해 산만해지면 그들은 다른(외부) 소리에 다시 주의를 집중한다. 한 번에 한 종류의 소리에만 집중해야 한다.

주의 훈련을 하는 동안 불안한 감정이나 생각이 올라온다면 그 감정과 생각을 충분히 인식할 수는 있지만 그 생각을 더 진행하지 않고 훈련을 지속해야 한다.

나는 보통 초기 훈련을 받기 전과 초기 훈련을 받은 직후에 내담자들에게 그들의 주의가 내부에 있는지, 외부에 있는지 물어본다.

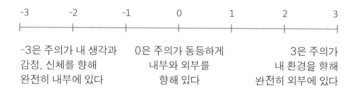

만약 훈련이 잘 진행되었다면 보통 외부 환경 쪽으로 최소한 2점 정도는 움직인다. 주로 내면 집중력을 키우는 마음챙김과 명상과는 반대로 주의 훈련은 외부 집중력을 키운다. 우울증 증상을 보이는 내담자에게도 주의 훈련은 빠른 시일 내에 지속적인 효과를 발휘한다.

가장 빠르고 확실한 효과를 얻으려면 하루에 두 번씩 훈련을 이어나가길 추천한다. 매일 같은 시간에 진행할 필요는 없지만 시간을 정해놓고 훈련하는 편이 더 수월하다. 훈련을 하는 동안 자기 자신에게 인내심을 가져야 할 때도 있고 남들보다 이 훈련을 더 잘 해낼 때도 있다는 것을 받아들여야 한다. 내가 실제 상담센터에서 하는 치료법은 다음과 같다.

소리를 이용한 주의 훈련

우리 상담센터에서 메타인지치료를 진행할 때는 상담을 마무리하기 전 10분 동안 주의 훈련을 한다. 이 훈련은 내담자들이 선택적으로 집중하고, 대상을 빠르게 전환하며 주의를 기울이고, 동시에 다양한 요소에 주의를 집중하는 능력을 찾게 도와준다. 내담자에게 동시에 다양한 소리를 (최소한 세 가지 소리가 필요한데, 소리가 많을수록 좋다) 들려주며 훈련을 시작한다. 이 훈련을 유난히 힘들어하는 내담자들도 있는데, 그런 경우에 나는 두 가지 소리로 시작해 서서히 소리의 종류를 늘려간다.

보통 나는 상담 받는 장소에서 들을 수 있는 소리를 활용한다. 자동차 경적, 새가 지저귀는 소리, 사람들이 대화를 나누는 소리, 냉장고나 컴퓨터가 돌아가는 소리, 텔레비전이나 라디오 소리 등 다양하다. 또한 반드시 여러 방향에서 소리가 나도록 한다. 가까운 거리에서 들리는 소리와 멀리서 들리는 소리, 왼쪽에서 들리는 소리와 오른쪽에서 들리는 소리를 모두 활용한다. 그것이 어떤 소리인지 알아내고 나면, 세 부분으로 나누어 10분 동안 주의를 집중하는 연습을 한다.

- 먼저 4분 동안 각각의 다양한 소리에 선택적으로 집중한다. 나는 내담자에게 도로 위의 자동차 경적에 온전히 주의를 기울이고 10초 동안 그 소리에만 집중하라고 지시한다. 이제 그 소리를 제외한 다른 소리들은 중요하지 않다. 이제 10초 동안 식기세척기 소리에만 주의를 집중한다. 다시 다른 소리들은 중요하지 않다. 내담자는 이렇게 각각의 소리에 10초씩 주의를 옮기며 4분을 보낸다.
- 그다음 4분 동안 내담자는 빠른 속도로 다양한 소리로 주의를 옮긴다. 한 소리당 2~4초를 넘기지 않는다.
- 훈련이 마무리될 무렵, 내담자는 2분 동안 내가 '주의 분산하기divided attention'라고 부르는 연습을 한다. '주의 분산하기'는 동시에 모든 소리에 관심을 분산하는 것이다.

이 단계가 되면 더 어려운 훈련을 할 준비가 된 내담자들도 있다. 그런 내담자들은 더 까다롭고 새로운 소리의 조합으로 연습하길 추천한다. 예를 들면 높은 음역과 낮은 음역의 소리를 함께 활용하는 것이다. 또한 내담자들의 촉발 사고를 휴대폰에 녹음하여 다른 소리와 함께 틀어놓으면 다른 소리에 집중함으로써 촉발 사고와 거리를 두는 법을 훈련할 수 있다. (나는 아이폰의 경우 보이스룹Voice Loop, 안드로이드의 경우 룹 스테이션LoopStation이라는 앱을 활용한다.)

종종 외부 소음에 집중하기 힘들어하는 내담자들도 있는데, 이는 촉발 사고에 예민해서 이 소리가 외부 소음보다 더 크게 들리기 때문이다. 이런 경우에 나는 주의에 대한 통제력을 보여주기 위해 창유리 연습windowpane exercise이라고 부르는 간단한 연습을 한다. 내담자와 함께 상담센터의 창문 앞에 서서 창유리에 화이트보드 펜으로 그들의 촉발 사고를 적는다. '도대체 나는 뭐가 문제야?' '동료들이 나를 좋아하지 않을까 봐 걱정돼.' '나는 왜 이렇게 슬퍼할까?' 등이 될 수 있다.

나는 내담자들에게 각자의 촉발 사고에 온전히 집중한 후 창유리에 펜으로 쓴 글씨만큼 선명하진 않아도 그 글씨 너머로 반대편에 있는 집이나 파란 하늘을 바라보라고 말한다. 이후에 우리는 글씨 너머로 보이는 것에 주의를 옮긴다. 집 앞에 있는 나무, 길가에 주차된 자동차, 반대편 집의 창문이 보인다. 내담자들은 이제 촉발 사고가 적힌 글씨가 덜 선명하게 보인다는 걸 알아차린다. 그 글씨들은 여전히 사라지지 않고 창문에 적혀 있지만, 내담자들은 다른 것에 집중하고 글씨 너머에 있는 것을 바라볼 수 있다. 그러면서 자신의 주의를 통제할 수 있다는 걸 이해하게 된다.

훈련 중 내담자들이 흔히 겪는 함정들은 다음과 같다.

첫째, 특정한 소리들을 뒤로 하고 다른 소리들에 지나치게 집중한다. 그들은 항상 모든 소리를 듣고 싶어 하는데, 우리가 주의를 집중하기로 결정한 소리가 아닌 소리에도 집중하려 한다. 아마 가장 주의를 기울이지 않는 소리는 어느 정도 약해진다는 것을 알아차리겠지만, 이것은 이 훈련의 목표가 아니다. 여기서 목표는 한 번에 한 가지 소리에 집중하고 주의를 기울이는 것이다.

둘째, 훈련하는 동안 자기 생각이나 감정을 통제하려 한다. 그 과정에서 자기 생각이나 감정을 통제하기 시작하면 통제하는 것을 그만두고 연습을 반복해야 한다.

셋째, 부정적인 생각과 좌절감에 사로잡힌다. 훈련을 진행하는 동안 몇몇 소리에 짜증이나 화가 올라온다고 말하는 내담자들도 많다. 어떤 소리는 너무 희미하고 비숫해서 좌절감을 느낄 수도 있다. 하지만 훈련이 원래 그런 것이다. 이 연습은 외부와 내부의 소리, 생각, 특히 부정적이고 불만스러운 생각에 주의를 기울였다가 또 거리를 두는 법을 배우는 것이다.

넷째, 세탁이나 장보기 같은 일상 루틴을 실행하는 동안 기술들을 소극적으로 실행한다. 하지만 훈련에 집중할 시간을 가진 후 나중에 일상 업무를 해야 한다.

다섯째, 잠이 들거나 자신을 진정시키는 데 이 훈련을 활용한다. 이 훈련의 목표는 이완하는 것이 아니라 주의를 의식적으로 한곳으로 보내고 또 다른 곳으로 옮기는 것이다.

생각을 다루는 세 번째 방법: 의식은 하되 분리해서 보기

반추의 반대는 웰스와 매튜스가 '거리를 두는 마음챙김detached mindfulness'이라고 부르는 상태다. 이것은 우리가 잠들기 몇 분 전처럼 생각의 흐름을 수동적으로 바라보는 상태를 의미한다. 생각에 대해 어떤 행동도 취하지 않는다. 그저 관찰할 뿐이다. 따라서 반추의 반대는 마음이 텅 비어있다거나 생각이 줄어들거나 평온한 생각만 하는 것이 아니다. 우리는 하루에 70,000가지의 생각을 한다. 머릿속에 떠오르는 생각을 제한할 수는 없지만 그 생각으로 아무것도 하지 않을 수는 있다. 많은 사람들이 생각이 떠올랐을 때 생각을 가만히 바라보는 것을 힘들게 여긴다. 이런 상태에 이를 수 있게 도와주는 훈련이 바로 호랑이 훈련^{tiger exercise}이다.

우선 호랑이 한 마리를 떠올려보자. 지금 당신 눈앞에 호랑이가 살아 있는 것처럼 자세히 상상해본다. 당신의 마음 한가운데에서 호랑이에 대한 생각이 다른 생각이 들어올 자리를 모두 차지하고 있다. 이제 머릿속에서 그려놓은 호랑이를 놓아주자. 호랑이에 대한 생각을 수동적으로 바라보고 어떤 일이 일어나는지 지켜보자. 호랑이가 그곳에 계속 서 있을 수도 있고, 호랑이가 어슬렁어슬렁 돌아다닐 수도 있다. 어쩌면 아예 사라져버릴지도 모른다. 호랑이가 어떻게 하든 그 생각에 대한 통제를 내려둔 채로 가만히 기다린다. 당신이 호랑이를 사라지게 하거나 그곳에 계속 머물게 하려고 애쓰지만 않으면, 호랑이가 저절로 움직이는 것을 보게 될 것이다.

이 훈련은 우리가 생각을 가만히 바라본다면 생각은

각자만의 수명이 있다는 걸 보여준다. '나는 충분히 잘하고 있는 것일까?'와 같은 생각이나 상상 속 호랑이도 마찬가지다.

어려운 훈련처럼 들릴 수 있지만 나는 모든 사람이 거리를 두는 마음챙김을 실천할 수 있다고 확신한다. 대부분의 경우에 우리는 생각과 분리되어 있다. 예를 들어 며칠 전 화요일에 당신이 어떤 생각을 했었는지 떠올려보자. 기억할 수 있는가? 저녁 식사로 무엇을 먹어야 할지에 대한 생각은 지금 어떻게 되었는가?

생각의 흐름에 들어가 보면 당신이 매일 하는 수천 가지의 생각 중 대다수는 회전초밥집의 초밥 접시들처럼 계속 움직인다는 걸 알 수 있다. 그것이 중요한 생각인지 아닌지는 누가 결정하는가? 생각 자체가 판단하는 것일까? 물론 그렇지 않다. 생각은 의식이 없다. 생각은 자신이 중요한 촉발 사고인지 아닌지 모른다. '이 TV 프로그램은 어째 좀 별로인 것 같은데.'라는 생각 자체는 '나는 결국 혼자 외롭게 늙어 갈까 봐 두려워.'라는 생각보다 중요하지 않다는 사실을 알지 못한다. 그런 평가를 내리는 것은 우리다. 우리가 마음의 주인이며 곱씹는 생각에 대한 책임은 우리에게 있다.

회전초밥집의 초밥 접시들을 다시 떠올려보자. 연어초밥, 아보카도 롤, 새우튀김이 우리를 향해 오고 있다. 어떤 접시에 손을 뻗고, 어떤 접시를 그냥 지나가게 내버려둘지에 대한 결정권은 우리에게 있다. 초밥 접시들뿐만 아니라 생각의 흐름도 마찬가지다. 생각은 떠올랐다가도 다시 사라진다. 같은 생각이 여러 번 떠오를 때도 있다. 그러나 우리는 초밥 접시들처럼 그저 생각을 가만히 바라보다가 지나가도록 선택할 수 있다.

연습을 더 많이 할수록 생각과 거리를 두는 경험을 더 많이 하게 될 것이다. 그리고 생각과 분리되는 경험을 많이 할수록 우리는 반추를 통제할 수 있다고 믿게 된다. 내가 실제 상담센터에서 하는 치료법은 다음과 같다.

생각을 바라보는 분리 훈련

나는 내담자들과 생각을 바라보는 훈련을 한다. 내담자들에게 편안히 앉아 머릿속에 떠오르는 모든 생각을 그곳에 그대로 두되 한 생각에 깊이 빠지지 말라고 조언한다. 그저 생각을 관찰하라고 말한다. 어쩌면 생각들은 찰나적인 것이고, 생각의 흐름 사이에는 틈이 있으며, 생각들은 각자만의 수명이 있다는 걸 깨닫게 될지도 모른다. 많은 내담자들이 '왜 나는 아무 생각이 안 들지?' 혹은 '정말 지루한 훈련이네.'와 같은 생각을 한다. '오늘 저녁에 뭐 하지?' '왜 상사는 어제 내 작업에 대해 아무런 언급도 하지 않았지?' '집을 어떻게 깔끔하게 정리할까?'처럼 훈련과 관계없는 생각을 하기도 한다.

당신이 한 가지 생각에 집착하거나 흐름에 휩쓸려가지만 않는다면 생각의 흐름은 저절로 흘러가고 하나의 주제는 다른 주제로 대체된다. 이 훈련을 할 때 주의가 산만해질 수 있다. 어느 순간 테이블 위의 커피에 집중하고 있다가 한순간 거리에 지나가는 자동차 소리에 집중한다. 이것은 지극히 정상적인 현상이다. 내담자들을 괴롭히는 문제들을 반추하는 것과 그들의 문제를 그냥 관찰하는 것을 교대로 실행해봄으로써 훈련에 변화를 주기도 한다. 방법은 다음과 같다.

- 우선 내담자들은 머릿속을 촉발 사고로 가득 채우고 2분 동안 가장 강렬하게 느끼는 생각에 깊이 빠진다.
- 그런 다음 촉발 사고를 내려놓고 2분 동안 자기 생각을 그냥 바라본다. 어떤 생각도 따라가지 않고 그냥 떠오르는 대로 둔다.

내담자들과 이 훈련을 할 때 나는 내담자들이 반추하기와 의식적으로 거리 두기를 여러 번 왔다 갔다 반복하게 한다. 그것은 기차에 올라탔다가 내리기를 반복하는 것과 비슷하다. 훈련이 끝나면 내담자들에게 무엇을 발견했는지, 생각을 반추할 때와 생각과 거리를 둘 때 어떤 차이점을 느꼈는지 물어본다.

많은 내담자들에 따르면, 2분 동안 촉발 사고를 반추할 때 점점 더 많은 생각이 떠오르며 슬픔과 스트레스를 느끼고 마음이 편치 않음을 경험한다. 거리를 두는 마음챙김을 실행하는 2분 동안은 슬픔과 스트레스가 감소한다.

모든 사람은 주의를 분산시키는 법을 배울 수 있다

많은 사람들이 "내가 생각을 내려놓는 법을 배울 수 있을지 없을지 어떻게 알 수 있을까요? 혹시 잘못된 방식으로 하면 어떻게 되나요?"라는 질문을 한다. 만약 당신이 생각을 계속해서 곱씹는 성향을 갖고 있다면, 이 책의 메시지에 대해 반추하며 당신도 남들처럼 정말 생각하는 시간을 줄일 수 있을지 고민하고 있을 것이다. '내 생각을

가만히 바라보는 게 안 되면 어떡하지?'

상담센터에서 그룹으로 메타인지치료를 진행하면 항상 이 치료로 효과를 보지 못할까 봐, 본인만 슬픔이나 우울증에서 벗어나지 못할까 봐 고민부터 하는 사람들이 있다. '그룹 치료 6회를 받는 동안 여기서 알려주는 방법을 배우지 못하면 어떡하지? 내가 가망 없는 사람들 중 한 명이면? 다른 사람들이 나보다 더 빨리 배우면 어떡하지?' 자신이 정말 덜 반추하는 법을 배울 수 있을지 없을지 반추하기 시작한다면 방법은 한 가지밖에 없다. '지금 떠오르는 생각은 그대로 두고 오늘 밤 8시에도 이 생각이 떠오른다면 그때 반추해보자. 그때까지는 생각이 그냥 흘러가도록 내버려 둘 거야.'라고 스스로 되뇌는 것이다. 내가 실제 상담센터에서 하는 치료법은 다음과 같다.

서서히 반추 시간을 줄이고 거리를 두는 마음챙김 늘리는 방법

이따금 내가 '타고난 고민 왕'이라고 부르는 사람들이 상담센터에 방문한다. 그들은 눈을 뜨고 있는 거의 모든 시간 동안 자신을 괴롭히는 모든 것에 대해 생각한다. 그런 경우는 반추하는 시간을 줄이는 게 특히 더 힘들다. 하루에 15시간 동안 생각을 되풀이하다가 갑자기 1시간으로 줄이는 건 불가능할지도 모른다. 그래서 나는 이들에게는 거리를 두는 마음챙김을 실천하는 시간을 늘리면서 반추 시간을 서서히 줄여나가라고 제안한다.

우선, 모든 사람이 반추 시간을 하루에 1~2시간으로 줄이는 것을 목표로 해야 한다. 그 과정이 힘들고 중간에 다시 몇 시간씩 생각에 빠지는 날이 생겨도 자신에게 화를 내선 안 된다. 인내심을 갖고 다시 시작하면 된다. 오래된 습관을 바꾸려면 원래 시간이 필요하다. 나는 내담자들에게 처음 자전거를 배우던 때를 떠올리라고 말한다. 처음에는 계속 비틀거리지만 여러 번 넘어지고 나서야 제대로 타는 법을 터득한다. 서서히 반추 시간을 줄이고 거리를 두는 마음챙김 시간을 늘리기 위한 6일 계획은 다음과 같다.

- **첫째 날**: 내담자는 저녁 8시부터 9시까지 거리를 두는 마음챙김 연습을 한다. 이 시간에 그들은 생각의 기차에 탑승하거나 반추하지 않고 생각이 떠올랐다가 사라지도록 내버려 두어야 한다.
- **둘째 날**: 오늘은 저녁 7시부터 9시까지 거리를 두는 마음챙김 연습을 한다.

- **셋째 날**: 이제 내담자는 하루에 3시간, 저녁 6시부터 9시까지 거리를 두는 마음챙김 연습을 한다.
- **넷째 날**: 저녁 5시부터 9시까지 거리를 두는 마음챙김을 실천한다.
- **다섯째 날**: 오늘은 4시부터 9시까지 거리를 두는 마음챙김을 연습한다. 여기서부터 아주 힘들어지는 단계다. 거리를 두는 마음챙김 연습 시간을 늘리기 전에 며칠 동안은 같은 단계에 머물러야 할 수도 있다.
- **여섯째 날**: 이제 하루 중 6시간을 연달아 거리를 두는 마음챙김을 실천한다.

  (참고로 첫 6일 동안은 나와 내담자가 함께 연습을 진행하고, 그 이후에는 내담자가 반추 시간을 하루에 최대 2시간으로 줄일 수 있을 때까지 혼자 훈련을 이어간다.)

모든 사람은 생각의 기차에 탑승할지 말지 통제하는 기술을 익힐 수 있다. 하루 만에 터득하는 사람도 있고 조금 더 오래 걸리는 사람도 있다. 촉발 사고를 더 잘 파악하고, 반추하는 것을 잘 인지하며, 반추하는 시간을 줄이고, 우리 외부의 삶에 주의를 기울이고 생각과 거리를 두는 시간을 늘릴 때 우리는 생각에 대한 통제력이 더 커지는 것을 발견할 것이다. 또한 자제력에 대한 믿음도 더 확고해진다.

이 과정에서 겪는 모든 경험은 자신의 통제력에 대한 믿음을 더 확고히 하는 데 도움이 되고, 이를 통해 얻는 자신감은 선순환을 일으킬 것이다. 그러므로 우리가 여전히 얼마나 많은 촉발 사고를 갖고 있는지에 대해서는 걱정할 필요 없다. 인생은 끊임없이, 그리고 완전히 무의식적으로 우리가 훈련할 수 있는 촉발 사고들을 만들어낸다. 우리에게 어려움이나 좌절이 닥칠 때마다 우리가 연습할 수 있는 촉발 사고가 따라온다.

우리가 박추를 조절할 수 있다는 설 깨닫고 나면, 불편한 촉발 사고가 두려워서 평소에 회피했던 일들을 도전할 수 있다. 파트너나 친구와 불편한 대화를 마침내 나누거나 동료나 가족 구성원에 맞선다거나 상사에게 연봉 인상을 요구할 수도 있다. 만약 친구와 곤란한 대화를 나누기 두려워한다면, 그 후에 따라오는 불편한 생각들을 우리가 감당할 수 없다고 믿기 때문이다. 하지만 우리는 충분히 감당해낼 수 있다. 우리의 생각과 감정이 어떻든지 간에 반복된 생각을 조절해본 경험은 우리를 훨씬 더 강한 존재로 만들어줄 것이다.

내담자가 메타인지치료를 통해 반추를 조절하는 데 성공하고 나면, 나는 예전에 보여주었던 척도를 보여주며 "당신은 지금 어느 정도 반추를 제한하고 통제할 수 없다고 믿나요?"라고 물어본다.

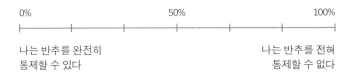

0퍼센트는 반추를 완전히 통제할 수 있다는 것을 의미하고, 100퍼센트는 반추에 대한 통제력이 전혀 없다는 것을 의미한다.

치료를 진행하는 동안 거의 모든 내담자들은 반추를 통제할 수 있다고 믿기 시작한다. 몇 주 동안 반추 시간을 연기하는 훈련과 주의 훈련을 하고 거리를 두는 마음챙김을 실천하다 보면 반추를 통제할 수 있는지에 대한 믿음이 척도의 왼쪽으로 움직인다. 그들은 허탈함과 우울증을 지속시키는 과정을 더 잘 통제할 수 있다는 걸 깨닫는다.

메테^{Mette}의 생각 줄이기

"내 머릿속은 낮이고 밤이고
반추로 가득했다."

2003년 1월, 크리스마스 연휴가 끝나고 다시 출근하는 첫날, 나는 내 차 운전석에 앉아 있었다. 갑자기 몸이 좋지 않았다. 숨이 잘 쉬어지지 않았고 눈앞에 있는 모든 게 껌뻑거리듯 보였으며 이상하게도 모든 소리가 아주 멀리서 들리는 것 같았다. 3시간 후 회사에 도착했을 때 나는 회사까지 어떻게 왔는지도 거의 기억나지 않았다. 나는 사무실에 틀어박혀 아무도 나에게 무언가를 부탁하거나 질문하지 않기를 바랐다. 아무 생각도 할 수 없었다.

그날 퇴근하고 집으로 돌아와 나는 완전히 무너졌다. 그 후로 두 달 동안 거의 항상 울고 있었고 다시는 회사로 돌아가지 않았다. 출근길 차 안에서 그런 증상을 (이것은 불안 발작으로 밝혀졌다) 겪기 일 년 전부터 나는 불면증을 앓고 있었다.

나는 장애가 있는 사람들을 돕는 단체에서 일했다. 쉬운 일은 아니었다. 매일 대응해야 하는 중요한 문제들이 많았다. 그래서 직장에서 경계를 정하는 것이 어려웠다. 약간의 평온을 바라거나 "죄송합니다. 지금 당신과 대화를 나눌 시간이 없어요. 며칠 기다려 주셔야 할 것 같아요."라고 말하며 일을 마무리 지을 수가 없었다. 나는 주 40~50시간을 일한 데다가 매일 2시간씩 걸려 출퇴근을 했기 때문에 하루하루가 힘들었다.

불안 발작을 겪은 후 나의 상태는 악화되었다. 나는 여유를 찾을 정도로 진정되지도 않았고 일에 집중할 수도 없었다. 나는 그냥 가만히 앉아만 있었다. 두 달 동안 많이 자야 하루에 1시간을 잤고, 결국 나는 미쳐버릴 것 같은 상황에 직면했다. 나는 자살을 생각했고 끊임없이 스트레스를 받았으며 우울했다.

내 몸을 통제할 수 없다는 사실이 너무 두려웠다. 그냥 가만히 앉아 있을 뿐 몸이 말을 듣지 않았다. 누워 있는데도 내 몸은 잠이 들지 않았다. 무슨 일이 일어나고 있는 건지 정말 이해할 수 없었다. 당시에는 요즘처럼 스트레스라는 개념이 잘 알려지지 않았기 때문에 내 몸이 왜 이렇게 난폭하게 반응하는지 알 수 없었다. 예를 들어, 팔에도 엄청난 통증이 있었다. 마치 피가 너무 걸쭉해서 혈액순환이 안 되는 느낌이었다. 또한 심각한 기억 상실도 겪었다. 사람들의 이름도 기억나지 않았고 특정한 단어도 기억나지 않았다. 지금은 그것이 모두 스트레스의 증상이라는 걸 알고 있다.

나는 심리치료사와 이야기를 나눴다

의사는 나에게 약물치료를 권했지만 나는 원치 않았기 때문에 심리치료사와 상담을 시도해보기로 했다. 우리는 상담 시간에 주로 스트레스가 왜 발생하는지, 다시 스트레스를 받지 않으려면 어떻게 해야 하는지 등 주로 스트레스에 관한 대화를 나눴다. 또한 일이 나에게 어떤 영향을 미쳤는지, 일상이 나에게 어떤 역할을 해야 하는지 등 내 일에 대해서도 얘기를 나눴다. 다시 자살 충동을 느끼게 되지 않을까 너무 두려웠기에 그런 감정에 대해서도 대화를 나눴다.

나는 그때 심리치료사에게 상담을 받게 되어 정말 다행이라고 생각한다. 그녀에게 상담을 받지 않았더라면 나는 지금쯤 분명히 이 세상에 없었을 것이다. 그녀와의 대화가 내 목숨을 살렸다고 말할 수 있다. 그렇지만 그 상담으로 내가 다시 행복해지지는 않았다. 삶의 질은 형편없이 내려갔고 기억력 저하를 포함한 스트레스로 인한 여러 증상들도 사라지지 않았다. 아주 서서히 기억력이 회복되다가도 약간의 스트레스를 받으면 다시 곧바로 악화되었다.

나는 스트레스를 다루는 강좌에도 참석하기 시작했는데, 그곳에서는 우리가 스트레스를 받아선 안 된다고 가르쳤다. 하지만 어떻게 스트레스를 받지 않는단 말인가? 어쨌든 나는 일을 하고 있지 않았고 그렇다고 집에서 뼈 빠지게 일하는 사람도 아니었으므로 스트레스를 받는 것 같진 않았다. 가벼운 집안일을 하는 정도였다.

나는 일 년 동안 병가를 냈다. 이전 직장을 그만둔 후로 나는 지방 정부 당국에 보고하고 지방 당국 사무실 중 한 곳에서 근무적성 검사를 받았다. 상황은 다시 견딜 만해졌다. 그러나 나는 여전히 자주 울음을 터뜨렸고 (특히 샤워를 하며 울부짖곤 했다) 수면 패턴은 완전히 무너졌다. 나는 내 침대에서도, 누군가 옆에서도 잘 수 없었기 때문에 거의 매일 밤을 소파에서 지냈다.

내가 정말 예민한 사람일까

그 후 몇 년 동안 내 정신건강과 일상적인 삶의 질은 아주 좋아졌다가 나빠지기를 반복했다. 내 상황이 꽤 괜찮아졌던 시기도 있었다. 나는 자유 근무 시간제로 일할 수 있는 일자리에 스카우트 되었고 이 제안을 받아 기쁘고 영광스러웠다. 그러다가 다시 자살 충동이 일어났는데, 정신병원에 입원하길 원치 않았기 때문에 약물치료를 받을 수 있는 것에 감사했다. 약물치료는 즉시 효과를 보였고 자살 충동은 사라졌다. 그래서 나는 심리치료사에게 상담을 받으러 가지 않고 당시 제안받았던 일을 시작했다.

하지만 일을 시작하고 며칠 동안은 내가 바라던 것처럼 상황이 좋진 않았다. 나를 따돌리던 두 명의 여성 동료 때문에 나는 다시 혼자가 된 것 같았다. 오후에 일을 마치고 집으로 돌아오면 나는 그날 동료들이 나에게 어떤 말을 했는지, 그들이 왜 그런 일을 했는지에 대해 생각했다. 나는 내가 제대로 된 구실도 하지 못하는 이상하고 예민한 사람이라는 생각에 짜증이 났다. 동료들의 괴롭힘은 영원히 사라지지 않을 것 같았고 이 모든 건 다 내 잘못이라는 생각에 두려워졌다. 나는 정신을 차려야 했다.

나는 내 생각을 억누르고 '그건 말도 안 되는 소리야.'라고 나 자신을 납득시키려 했다. '네가 뭘 오해하고 있는 거 아니야?' 혹은 '그런 일에 신경 쓰지 말아야 해.'라고 생각했다. 이런 생각으로 내 마음을 다잡으려 노력했지만 점점 더 우울해졌다. 나는 오후에 퇴근하고 돌아오면 소파에 기어 올라가 그날 내가 뭘 잘못한 건 없는지, 말실수를 하진 않았는지, 처신을 잘못하지 않았는지 반추했다. 처음 우울증을 앓은 후 다시 쌓아온 사회생활이 다시 한 번 무너져 내렸고 나는 나 자신을 탓했다.

내가 그때 상담을 계속 받고 있었더라면 이 모든 일이 내 머릿속에서만 일어나는 것이 아니며 상황이 잘못되고 있다고 말해주었겠지만, 나는 상담을 받으러 다니지 않았기에 뭐가 문제인지 알 수 없었다. 나는 너무 내면에 집중하고 있었다. 내면에 대해 생각하느라 엄청난 시간을 쏟고 있었다. 여러 번 약을 끊으려고 시도했지만 매번 견디지 못하고 다시 약을 복용했다. 어느 날 직장에서 나는 화장실에서 문을 잠근 채 완전히 무너져 내렸다. 그렇게 우울증이 다시 시작되었다.

내 인생은 생각과 악몽으로 가득했다. 약 복용량을 늘리고 다시 심리치료사와 상담을 시작하자 내가 무시하고 있던 직장과 관련된 새로운 사실이 눈에 보였다. 직장에서 겪었던 안 좋은 경험들을 잘 이해하게 되었지만, 그 일에 대해 생각한다고 해서 상황이 더 나아지지는 않았다. 상황이 나빠질 때마다 나는 괴롭힘이 모두 내 탓이라고 생각했다. 심리치료사와 상담하는 1시간 동안, 그리고 그 후 며칠 동안은 좀 나아졌지만 시간이 지나면 상황이 다시 악화되었다.

메타인지 세계로 향하는 나의 여정

어느 시점에 나는 페이스북에서 내가 겪은 것과 비슷한 괴롭힘, 악몽, 회상에 대한 경험을 공유하는 그룹을 발견했다. 이곳에서 메타인지치료에 대한 글도 읽게 되었는데, 흥미롭게 보이는 새로운 치료법에 이끌려 나는 그룹 메타인지치료 수업을 듣기 시작했다.

그룹 치료에 참석한 첫날, 아무도 자기 경험에 대해 얘기하지 않아도 된다는 사실에 깜짝 놀랐다. 우리는 각자의 생각에 대한 얘기를 나눴다. 이것은 아주 다른 형태의 치료였다. 그날 내가 알게 된 사실은 다른 곳에서 들었던 것과는 달리, 내가 유난히 예민한 사람이 아니라는 것이다. 나는 나 자신과 내가 두려워하는 위협적인 요인에 집중하는 극도의 내면 집중형 인간이었다. 나는 내 선택으로 내면이 아닌 외부에 집중할 수 있고 나 자신과 생각 사이에 거리를 두는 초연함^{detached}을 실천할 수 있다는 걸 배웠다.

첫 그룹 치료를 받고 집으로 돌아왔을 때 나는 아주 오랜만에 현재에 집중할 수 있었다. 나는 반추하는 시간이 줄었고 더 이상 피로하지도 않았다. 나는 다시 밤에 잠을 잘 수 있었다. 3시간짜리 상담에 이런 효과를 느꼈다고 얘기하면 '설마 그럴 리가 없어.'라고 생각할 수도 있다. 하지만 정말 가능한 일이다.

나는 촉발 사고가 떠올랐을 때 그 생각에 뛰어들지 않는 것이 효과적이라는 걸 깨달았다. 대신 나는 반추하는 시간을 따로 정해놓았다. 부정적인 촉발 사고가 떠올라도 내가 정해놓은 시간까지 기다려야 했다. 나는 저녁에 반추할 수 있는 시간을 정해놓았지만 막상 저녁이 되면 신기하게도 걱정해야 할 생각들이 사라졌다. 과거의 나라면 회의나 약속을 일주일 앞두고 계속 반추하고 있었을 것이다. 나는 건설적인 생각이 아니라 그저 생각에만 잠겨 있길 즐겼다. 지금의 나는 행동 계획을 세워 그런 것들을 생각할 수 있는 시간을 정해놓았다. 그 외의 시간에 내 마음은 자유롭다. 생각은 저절로 떠오르는 것이므로 생각을 없앨 수는 없지만 그 생각에 늘 얽매여 있을 필요는 없어진다. 이 사실이 나에게 안도감을 준다. 나는 다른 사람들을 만나고 있을 때도 같은 기술을 쓴다. 그들이 나를 어떻게 생각할지 끊임없이 궁금해하지 않는다. 그런 생각도 내가 정해놓은 시간까지 잠시 그대로 둔다.

내가 겪은 가장 큰 변화는 통제감이다. 내 몸과 생각에 대한 통제력을 되찾았다.

평정심을 잃은 기분은 아주 불편하다. 특히 나는 몹시 우울하고 자살 충동을 자주 느끼던 사람이었기 때문에 더 힘들었다. 그래서 기분이 나아지려면 그저 다른 것에 집중하면 된다는 것을 알게 된 건 굉장한 일이었다. 나는 더 이상 의사와 심리치료사에게 의존하지 않는다. 그건 매우 긍정적인 현상이다. 나는 내 인생을 책임지고 싶었지만 그 방법을 모를 뿐이었다. 매일 외부에 주의를 두는 전략을 쓰고 난 후 내 삶을 되찾은 기분을 느꼈다.

나는 이제 모든 약을 끊었고 이번에는 다르다는 걸 안다. 지금은 우울증의 원인을 알고 있기 때문에 심적 기제를 스스로 통제할 수 있다.

메테의 촉발 사고가
우울증으로 진행되는 과정

우울증과 스트레스, 사회 불안을 겪던 메테는 직장 내 괴롭힘의 피해자였다. 그녀의 촉발 사고는 자기 자신에 대한 부정적인 생각과 다른 사람들이 자기를 좋아하지 않는다는 걱정이었다. 촉발 사고는 특히 그녀가 다른 사람과 함께 있을 때 일어났다. 메테의 걱정은 온종일 이어졌고 이로 인해 잠을 이룰 수 없고 악몽을 꾸었으며 자존감은 낮아졌다.

촉발 사고	인지주의 증후군 반응	기분/증상
• 다른 사람들은 어떻게 생각할까? • 나는 왜 마음을 가다듬지 못할까? • 나는 왜 이렇게 스트레스를 받을까?	• 생각을 거듭 되돌려보기 • 긍정적으로 생각하기 • 사회적 상황 회피하기 • 수동성 할애하는 시간 • 하루 종일	• 우울감 • 낮은 자존감 • 눈물 • 집중력 저하 • 피로 • 불면증 • 악몽

증상을 악화시키는 메테의 과거 전략	증상을 극복한 메테의 새로운 전략
사고방식 나는 다른 사람과의 상호작용에 대해 아주 많이 생각했고 과거와 현재, 미래에 대해 끊임없이 걱정했다.	**사고방식** 나는 매일 오후 5시를 반추할 수 있는 시간으로 정해놓았지만, 반추해야 하는 경우는 거의 없다.
주된 관심사 나는 생각해낼 수 있는 모든 부정적인 요소에 집중했다. 사람들이 나를 어떻게 대했는지. 다른 사람들과 비교해서 내가 충분히 잘하고 있는지. 외로움에 대한 두려움. 나는 과거의 사건들을 끊임없이 분석했다.	**주된 관심사** 내 관심은 현재와 내가 즐기는 일에 집중되어 있다. 나는 삶을 즐기는 것에 집중한다.
행동 나는 다른 사람들과 관련된 걱정이나 갈등을 피하고자 사교 모임에 거의 참석하지 않았다.	**행동** 나는 훨씬 에너지가 넘치고 상황을 훨씬 또렷하게 볼 수 있게 되었다. 나는 잠을 더 푹 자고, 갈등을 더 잘 해결하며, 자존감이 높아졌다. 나는 다시 내 삶을 살게 되었다.

내 생각에 대해 알게 된 점

나는 내가 무엇에 대해 생각할지, 그리고 얼마나 오래 생각할지 스스로 결정할 수 있다는 걸 배웠다. 지나치게 많은 생각은 나를 아프게 한다.

Part 4

생각은 습관이다

자라면서 우리는 지성을 활용하여 문제를 분석하는 법을 배운다. 결정을 내리기 전에 숙고하는 법을 배운다. 그래서 우리는 생각에 오랫동안 빠지는 것을 유용하다고 여긴다. 사실 분석적으로 사고하는 능력은 유용한 기술이다. 타인과의 관계에서뿐만 아니라 우리가 어려운 상황에 직면했을 때도 상황을 여러 관점에서 바라보고 비교할 수 있어야 한다. 그러나 모든 문제를 지나치게 상세히 분석하는 습관은 우리가 행동을 취하는 데 방해가 될 수 있다. 특히 인생에서 겪는 감정적 어려움에 있어서는 더욱 그렇다. 분석하는 습관은 기분을 더 악화시키고 우울 증상을 유발할 수도 있다.

이번 장에서 항상 분석하는 성향 때문에 힘들어하는 사람들은 '반추가 나에게 얼마나 유용할까?'라는 질문을 스스로 던져보길 바란다. 상담센터에서는 다음의 척도를 활용하여 내담자들이 반추가 어느 정도 그들의 질문에 답을 주거나 문제의 해결책을 주고, 또 우울 증상을 유발하는지 평가하게 한다.

내 임상경험에 따르면 반추는 어떤 유익한 도움을 주지 못하며 우울 증상을 지속시킨다. 너무 생각에만 빠져 있으면 생각에 갇혀 어떤 것도 할 수 없게 된다. 에이드리안 웰스는 이런 상황을 이렇게 표현한다. '문을 닫으려고 문고리를 꼭 붙잡고 있는 동시에 문에서 멀어지는 게 과연 가능할까?' 반면에 반추를 제한함으로써 얻는 장점은 명확하다. 삶의 즐거움이 커지고 자존감도 높아지며 더 기능적이고 창의적인 뇌를 갖게 된다.

반추를 문제로 생각하지 않는 내담자들도 있지만, 이것은 우울 증상을 유발할 수 있다. 그들은 똑같은 생각을 계속해서 되풀이하는 것을 문제 해결과 반성의 한 방법으로 여긴다. 따라서 기분을 개선하기 위해 반추 시간을 줄이는 것이 직관에 어긋나는 일처럼 느껴질 수 있다. 이런 내담자들의 경우 작은 실험을 통해 스스로 확인해보게 한다. 마치 4주 동안의 긴 휴가를 갖는 것처럼 반추 시간을 줄여보는 것이다. 4주가 지난 후에는 원한다면 다시 반추 시간을 늘려도 좋다. 그러나 대다수는 생각하는 시간을 줄임으로써 긍정적인 효과를 경험한다. 생각의 굴레가 없는 삶을 한번 맛보고 나면 결국 휴가가 끝나도 집으로 돌아가길 원치 않는 것처럼 원래의 삶으로 돌아갈 수 없다.

많은 사람들이 생각을 끊임없이 거듭하면 해결책을 얻을 수 있다고 여긴다. 지금부터 반추를 지지하는 내담자들이 상담센터에서 가장 자주 하는 주장들을 살펴보자.

문제에 집중하면 우울증에 대한 해결 방안이 나온다

나는 종종 우울 증상에서 벗어나기 위해 다양한 치료법과 자조를 시도한 내담자들을 만난다. 그러나 문제 해결에 지나치게 집중하다 보면 개선되기는커녕 오히려 증상이 오래 유지되는데, 이것은 우울증을 완화하기 위해 많은 시간을 투자하는 방법들이 주로 더 많은 생각을 하게 유도하기 때문이다. 많은 사람들은 우울증을 치유하려고 기도나 수행, 글쓰기, 요가, 기공, 마음챙김 명상 같은 다양한 치료법을 시도한다. 그러나 이런 활동들이 웰빙과 건강, 행복을 개선할 수는 있지만, 장기적으로 우울증이나 낙심한 마음을 회복시키는 데 도움이 된다는 믿을 만한 증거는 없다. 여러 방법을 병행하는 '올인원 치료법'도 메타인지치료만큼 효과적이라는 증거도 밝혀지지 않았다.

자기비판은 실수를 줄여준다

어떤 내담자들은 자기비판이 도움 된다고 생각한다. '나는 왜 실수 없이 일을 해낼 수 없을까?' 그들은 정신적으로 자책해야 실패에 대한 경각심을 갖고 미래에 실수를 덜 할 것이라고 느낀다. 하지만 이것은 문제를 해결하는 방법이 아니다. 우리가 실수를 저질렀을 때 아무리 화를 낸다고 해도 우리는 미래에 또 새로운 실수를 저지르게 될 것이다. 실수를 저지르지 않고 인생을 살 수는 없으며 과거의 실수를 반추한다고 해서 실수가 적어지는 것은 아니다.

반추는 힘든 시절로부터 나를 보호한다

어떤 사람들에게 반추는 실망과 실패, 낙담으로부터 자신을 보호하는 한 방법이다. 그들은 자신이 가치 없는 사람이기 때문에 더 내려갈 바닥이 없다고 확신하면서 우울증이 극에 달할 때까지 생각에 깊이 파고든다. 블랙홀의 바닥에서 그들은 사람들이 자신을 비판하고 실패를 지적한다 해도 이미 바닥을 쳤기 때문에 상처받지 않을 것이라 생각한다. 이것은 해로운 전략이다. 반추는 우리가 실망하지 않도록 보호해줄 수는 있지만 우리의 에너지와 좋은 기분, 자존감, 전반적인 삶의 질을 앗아간다.

반추가 더 나은 결정을 하게 한다

사람들은 중요한 결정을 앞두고 장단점을 꼼꼼히 따져보며 심사숙고해야 한다고 느낀다. 심지어 엄청난 고민 왕들은 결정을 내리기 위해 몇 년 동안 장단점을 따지기도 한다. 하지만 몇 달 동안 고민한다고 해서 우리가 더 현명한 결정을 하는 건 아니다. 장기적으로 보면 결국 더 우울해지고 혼란스러워질 뿐이다.

반추는 창의성과 새로운 아이디어의 원천이다

최근에 한 예술가가 나에게 상담을 받으러 왔다. 그는 반추해야 창의성이 발휘된다고 믿었기 때문에 늘 생각에 잠겨 있었다. 사랑, 정치, 사회 구조와 난제에 대해 거의 하루 종일 고민했다. 그는 이렇게 늘 생각에 빠지는 것을 즐겼고 이런 면을 자신의 성격과 정체성의 일부로 여기기까지 했다.

한 가지 문제가 있다면, 이 과정은 그에게 즐거움과 에너지를 안겨주었지만 스트레스와 우울감도 함께 따라온다는 것이다. 그는 딜레마에 직면했다. (그가 보기에) 창의성을 지키기 위해 매일 8시간에서 12시간 동안 계속 반추해야 할까? 아니면 생각하는 시간을 제한하면서 우울감을 줄여야 할까? 그는 창의성을 계속 발휘하기 위해서는 '우울증으로 대가를 치러야 한다'고 확신했다. 그의 생각이 옳은 걸까?

우리는 그가 반추 시간을 줄이면서 창의력을 자극하는 방법에 대해 논의했고 하루에 12시간씩 창의적인 생각을 하는 대신에 오전 10시에서 12시까지 하루 2시간만 반추하기로 결정했다. 오전에 창조적인 아드레날린 한 방을 맞는 것이다. 오후 4시에 창의적인 아이디어를 촉발시킬 만한 생각이나 감정이 떠오를 때―만약 그 생각이 정말 중요한 것이라면―다음 날 아침에 분명 다시 생각날 것이라는 확신을 가져야 했다.

처음에 그는 이 계획에 회의적이었고 자신은 분명 생각하는 시간을 줄일 수 없으리라 생각했다. 생각은 자신의 정체성에 꼭 필요한 부분이라고 믿었기 때문이다. 그러나 메타인지치료에서 그는 생각의 흐름을 수동적으로 바라보고 거리를 두는 마음챙김을 실천하는 법을 배웠다. 만약 그것이 정말 좋은 아이디어라면, 굳이 기록하거나 잡아두려고 애쓰지 않아도 다음 날 아침에 다시 떠오른다는 것도 경험했다. 또한 생각을 제한한 후에도 여전히 생각과 아이디어는 넘쳤고 예술적인 창의성도 사라지지 않았으며 우울감을 느끼지 않고도 훌륭한 작품을 만들 수 있다는 걸 깨달았다.

많은 사람들이 때때로 반추하고 철학하고 싶어 한다. 나 또한 마찬가지다. 우리는 모든 것을 철학하고, 새로운 프로젝트를 생각해내고, 창의적인 아이디어를 브레인스토밍하길 좋아한다. 다른 많은 사람들과 마찬가지로 분석하는 행위는 나에게도 큰 기쁨을 가져다준다. 나는 어떤 연구 과제를 다뤄야 할지, 어떤 책이나 칼럼을 써야 할지, 중요한 인터뷰에서 어떤 애기를 해야 할지에 대해 공상하길 좋아한다.

하지만 나는 이렇게 반추하는 습관이 완전히 자리 잡으면 안 된다는 것을 인지하고 있으며 매일 거리를 두는 마음챙김을 실천해야 한다는 것도 알고 있다. 더 중요한 점은 나는 내면과 외부에서 어떤 일이 일어나든지, 나는 반추를 100퍼센트 통제할 수 있다고 믿는 것이다. 이런 통제감을 느끼고 있으면 더 단단한 사람이 되기 때문에 어쩌다 한 번씩은 깊이 생각을 파고들어도 부정적인 영향을 받지 않는다.

긍정적인 반추는 자존감을 높인다

어떤 사람들은 반추가 자존감을 높이는 길이 될 수 있다고 생각한다. 우리가 자신을 있는 그대로 받아들이고 긍정적인 자애의 말을 반복하면, 자존감이 강화될 것으로 믿는다. 하지만 생각만으로 자존감이 높아지지는 않는다. 오히려 생각은 자존감을 떨어뜨린다. 우리가 어린 시절 자존감이 높았던 것처럼 반추를 계속 제한한다면 성인이 되어서도 높은 자존감을 지킬 수 있다.

누구나 한 번씩은 자신이 남들보다 똑똑하지 않고, 아름답지도 않으며, 성공하지 못했다고 느낀다. 특히 이런 시기에 성공해서 자신감이 높은 사람들에게 눈길이 간다. 그리고 우리도 그들처럼 성공한 사람이 되어야만 낮은 자존감과 우울증 증상에서 벗어날 수 있다고 생각한다.

그러나 성공한다고 해서, 긍정적인 만트라를 왼다고 해서, 자기 자신에 대해 긍정적인 생각을 한다고 해서 갑자기 자존감이 높아지는 건 아니다. 누구나 가끔 자기 자신에 대해 부정적인 생각을 한다. 우리는 모두 직장에서 실수를 저지르고 그것 때문에 자신을 비난한다. 모두 실망하여 슬퍼해 본 적 있고 내가 다르게 행동했으면 어땠을까 후회한 적 있다. 그럼에도 모든 사람이 자존감이 낮은 건 아니다. 그러므로 부정적인 생각이나 신념 자체가 자존감을 앗아가는 게 아니라 그런 부정적인 신념을 다루는 전략이 자존감을 앗아가는 것이다. 우리가 머릿속으로 몇 시간 동안 계속 숙고하지 않아도 무언가가 부정적이라는 것은 알 수 있다.

'너는 충분히 잘하고 있어. 너는 헤어스타일이 멋져. 모든 친구들은 너를 사랑해.'와 같은 자기 자신에게 하는 내면의 격려와 긍정적인 만트라를 되뇌고, 부정적인 생각을 긍정적인 생각으로 바꾸며, 확신의 일기를 쓰는 것 외에 장기적으로 자존감을 높이는 방법을 생각하는 사람은 많지 않다. 이런 전략들은 즉각적으로 효과를 보일 수 있지만 결코 오래 지속되지 않으며 효과를 유지하려면 끊임없이 노력해야 한다.

반추는 내 정체성의 핵심이다

앞서 소개한 예술가처럼 매일 치열한 반추를 하고 있거나 우울함을 인격의 일부로 보는 사람이라면 메타인지 치료의 사고 과정을 받아들이기 힘들어한다. 나는 가끔 자신이 유난히 분석적이고 우울하며 예민하다고 느끼는 사람들과 이런 특성들이 자신을 정의한다고 여기는 사람들을 만난다.

그들은 자기 정체성을 잃는 것처럼 느껴져 생각을 멈추기를 두려워한다. 지나친 생각이 우울 증상을 유발하더라도 그들은 안전하고 익숙한 장소에 있길 바란다. 마치 버려야 한다는 걸 알면서도 현관 귀퉁이에 계속 보관하는 오래되고 냄새나는 슬리퍼와 같다. 반추는 우리의 핵심 정체성이 아니라 언제든 바꿀 수 있는 불편한 습관일 뿐이라는 걸 깨달아야 한다. 끊임없이 생각을 반복하는 습관이 없어져도 우리는 여전히 본모습을 잃지 않는다. 생각의 반복과 우울감이 줄어든 새로운 버전의 우리가 되는 것이다.

나는 내담자들에게 각자 느끼는 깊은 반추의 장단점을 적어보라고 권한다. 아래는 내담자들의 대표적인 답을 정리한 것이다.

반추의 장점	반추의 단점
• 나를 해결책이나 답으로 이끌 수 있다. • 나에 대한 통찰을 준다. • 더 신중한 결정을 내릴 수 있다. • 나를 더 깊고 창의적인 사람으로 만든다.	• 내 수면을 망친다. • 자존감을 앗아간다. • 내가 계속 의기소침하고 우울하게 만든다. • 피곤하며 내가 현재를 살지 못하게 한다. • 가족과 친구들에게서 멀어지게 한다.

내담자들과 함께 반추에 관한 모든 장단점을 얘기해 본 후 일단 목록으로 작성하고 나면, 단점이 장점보다 훨씬 많다는 게 분명해진다. 우울증은 자기 통찰이나 창의성의 대가로 치르기엔 너무 과한 희생이다. 장단점을 분

석한 후 나는 내담자에게 반추가 얼마나 유용하다고 믿는지 다시 평가해보길 권한다. 그러면 보통 그들의 답은 아래의 척도에서 왼쪽으로 기운다. 그들이 믿는 반추의 가치와 유용성이 감소한 것이다. 이러한 통찰을 얻고 나면 장기적으로 훨씬 쉽게 생각의 굴레를 제한할 수 있다.

레이프 Lief의 생각 줄이기

"나는 앞으로 나아가기 위해서
어두운 생각을 받아들여야 한다고 믿었다."

나는 십 대 때부터 우울증을 앓았다. 그때부터 죽음에 대한 생각은 늘 했지만 성인이 되고 나서 몇 년이 지날 때까지 한 번도 그 생각 때문에 내가 무너진 적은 없었다. 나는 학교에 다니고 일자리를 얻고 결혼을 했으며 아이들도 낳았다. 어두운 생각을 하는 것은 내 운명이라고 받아들였다.

악순환이 반복되던 시기도 있었다. 나는 죽을 것 같다는 생각에서 벗어날 수 없었다. 하지만 이런 생각에 대해 아무런 조치도 취하지 않았다. 나는 죽음을 두려워하며 살 수밖에 없다고 받아들였던 것 같다.

나는 그런 상태로 회사 생활과 가정생활을 꾸려나갔고 치료를 받아본 적은 한 번도 없었다. 그렇게 30대 후반이 되었을 때 나는 경쟁이 치열한 분위기의 회사로 이직하게 되었다. 나는 이유를 알 수 없었지만 새로운 직장의 이런 문화에 마음이 끌렸다. 나는 미끼에 걸려든 물고기처럼 정말 열심히 일했고 경영진의 관심을 끌 만한 성과를 내기도 했다.

그러나 문제는 내가 일을 쉬는 동안 일어났다. 휴일을 즐길 수 없었다. 나는 곧장 걱정과 불안에 휩싸였고 몹시 두려워졌다. 어서 회사로 돌아가고 싶은 마음뿐이었다. 일은 나를 치유하는 약이었고 일을 하면 기운이 났다.

일상생활에서도 지속되는 우울감

몇 년이 지나자 휴일에만 느꼈던 불안과 우울감이 일상생활에서도 이어졌다. 나는 결국 병가를 내야 했고 우울증이라는 진단을 받았다. 그렇게 약물치료와 상담을 시작했다. 심리치료사와의 상담은 그냥 누군가와 일상적인 대화를 나누는 것 같았고 눈에 띄는 효과가 있는 것 같지 않았다. 그러나 증상은 호전되었고 약물치료도 도움이 되었지만, 연휴가 되자 증상이 재발했다.

그 후 몇 년 동안 직장생활은 불안정했다. 나는 근무 시간이 적은 새로운 직장으로 옮기기 위해 다른 도시로 이사했다. 다시 공부를 시작했지만 그만두고 또 다른 일자리를 찾았다. 얼마 후 나는 다시 수업을 들었고 근무 시간이 유연한 일자리를 찾았지만, 죽음에 관한 어두운 생각과 불안감으로 또 고통받았다. 견딜 수 없을 정도로 머릿속에는 이런 생각이 가득했다. 나는 죽으려고 했지만 그것마저도 생각을 해야 했다. 그게 바로 내가 처한 상황이었다. 나는 내 삶을 살고 있지 않았다. 머릿속에 떠오르는 생각들이 나를 지배했다. 죽음과 다름없는 삶이었다. 마치 지옥에 있는 기분이었다. 우울한 상태에 있으면, 그 기분이 모든 걸 장악하고 그 자체가 문제가 됐다.

나는 여러 종류의 치료를 시도해봤지만 생각은 사라지지 않았기 때문에 생각이 떠오를 때마다 그 생각에 시간을 쏟아야 한다고 확신했다. 그렇지 않다면 생각이 왜 계속 떠오르는 것일까?

메타인지치료의 기본 전제는 완전히 새로운 것이었다

메타인지치료를 처음 알게 되었을 때 나는 의구심이 들었다. 이 치료법의 기본 전제는 누구나 부정적이고 어두운 생각을 하고 있지만 모두가 그런 생각에 몰두하는 건 아니라는 것이었다. 또한 내가 항상 낙담해 있을 필요 없다고 얘기했다. 나는 지금까지 이것이 내가 당연히 감당해야 할 일이라고 믿었다. 우울하고 어두운 생각이 떠오르면 늘 분석해야 한다고 느꼈다. 나에게는 선택권이 전혀 없다고 생각했다.

이제 이런 어두운 생각으로 깊이 빠질 필요 없으며 그냥 생각을 놓아주고 다시 돌아오는지 가만히 지켜보면 된다는 걸 배웠다. 안락의자에 편하게 앉아 나 자신에게 어두운 생각을 더 키우고 싶지 않다고 말하면 된다는 걸 알게 되었다. 몇 번의 상담을 받은 후 나에게 전환점이 찾아왔는데, 드디어 암울한 생각에 깊이 빠지지 않고 생각들이 저절로 왔다가 사라지게 하는 데 성공했다.

나는 여전히 슬픔에 맞닥뜨릴 것이다. 그러나 이제 슬픔이 찾아와도 앞으로 더 잘 나아가는 법을 안다. 그래서 또다시 심한 우울증이 찾아온다고 해도 전혀 두렵지 않다. 어두운 생각들은 내 삶을 망가뜨리지 못한다. 나는 어두운 생각들을 놓아주고 앞으로 나아가는 법을 안다. 여전히 우울한 생각이 나를 찾아온다. 그리고 생각보다 자주 찾아올 때도 있지만, 내 일과 삶은 멈추지 않고 계속된다. 더 이상 슬프고 우울한 생각에 빠져 있을 필요 없다. 과거에는 슬픈 생각이 들면 거기에 빠져 있어야 한다고 믿었다. 그러나 그럴 필요 없다는 개념이 나에게 아주 새롭게 다가왔다.

나는 지금 우울증에서 완전히 벗어났다. 안정적인 직업을 갖게 되었고 감정적으로도 더 여유로워졌으며 자존감도 높아졌다.

레이프의 촉발 사고가
우울증으로 진행되는 과정

레이프는 어렸을 때부터 우울증과 죽음에 대한 불안을 겪었다. 절망과 가족에 대한 양심의 가책도 포함된 그의 촉발 사고는 주로 아침에 시작되며, 해결책을 찾기 위해 6시간에서 8시간 정도 반추한다. 오랜 시간 고민에 빠져있기 때문에 그는 늘 피로하고 집중력이 떨어지며 잠도 깊이 자지 못한다.

촉발 사고	인지주의 증후군 반응	기분/증상
• 나는 죽음에 어떻게 대처해야 할까?	• 답 찾기	• 우울
• 과연 일이 잘 풀리는 날이 올까?	• 숙고하기	• 절망
• 삶의 즐거움은 어디에 있나?	• 신에게 기도하기	• 불안
	• 분석하기	• 집중력 저하
	• 기분 점검하기	• 피로
	• 침대에 누워있기	• 불면증
	할애하는 시간	
	• 하루에 6~8 시간	

증상을 유발하던 레이프의 과거 전략	증상을 극복한 레이프의 새로운 전략
사고방식 죽음에 대해 깊이 생각해야 한다는 의무감이 들었다.	사고방식 이제 나는 죽음이나 다른 부정적인 주제에 대해 생각하지 않아도 된다는 걸 안다. 나는 부정적인 생각을 상세히 파헤쳐볼 필요 없다.
주된 관심사 내 관심은 나 자신과 내면의 생각들에 집중되어 있었다. 다른 사람들과 함께 있을 때도 정신이 다른 곳에 있을 때가 많았다. 다른 사람들과 있어도 나는 종종 그들과 떨어져 앉아 생각에 잠겨 있었다.	주된 관심사 내 관심은 바깥 세상에 있다. 내 가족이나 일처럼 외부에 집중한다.
행동 나는 내 생각에 대해 다른 사람들과 얘기를 나눴고 힐링 같은 대안적인 해결책을 시도해보았다.	행동 나는 기분이나 생각, 감정과 관계없이 정해진 스케줄을 따른다. 내키지 않고 의욕이 없어도 그만두지 않고 계속 이어나간다.

내 생각에 대해 알게 된 점

나는 더 이상 어두운 생각이 떠오른다고 해서 반드시 그 생각을 처리해야 한다고 생각하지 않는다. 나는 부정적인 생각들을 반추할 필요 없다.

Part 5

행복하면서 슬플 수 있지

대부분 사람들은 변화를 꿈꾼다. 우리는 피아노 배우기를 꿈꾼다. 혹은 시골에서 자급자족하며 사는 삶을 꿈꾼다. 공동체를 만들거나 새로운 수업을 듣거나 완전히 다른 분야의 일을 하는 꿈을 꾸기도 한다. 몇 년 전에 샀지만 한 번도 펼쳐본 적 없는 요리책에 있는 모든 음식을 요리할 수 있는 날이 오길 꿈꾼다. 새로운 취미를 시작하거나 과거에 즐기던 취미를 다시 시작하거나 공동 관심사를 갖고 있는 새로운 사람들을 만나길 꿈꾼다. 슬픔과 낙담, 우울을 앓는 사람들도 다른 사람들만큼이나 많은 꿈을 갖고 있다. 하지만 나는 우울증 재발과 어둠의 시기에 대한 두려움 때문에 꿈을 실천하지 못하는 내담자들을 자주 만난다. 그들은 미래를 위한 계획을 세우고 싶지만, 실수를 저지르고 힘든 경험을 하게 될까 봐 두려워하고 우울증이 다시 재발하여 의욕을 무너뜨릴 것이라고 확신하기 때문에 거의 계획을 따르지 않는다.

우울증이 자주 재발하는 사람들의 경우, 다시 우울해지는 것에 대한 두려움이 꼭 일어날 것이라는 예상expectation으로 발전한다. 그들의 반추는 '나는 다시 우울해지는 걸 피할 수 없어. 어제보다 오늘 조금 더 힘들어지는 것 같아. 저번에 우울증이 시작되었을 때도 이런 불안감을 느꼈어.'라는 예상을 중심으로 전개된다. 이런 종류의 반추는 우리에게 우울 증상이 우리 삶의 전제 조건이라는 확신을 심어준다. 우리는 다른 사람들보다 더 불안정한 마음을 갖고 있다고 믿게 된다. 그래서 자기 자신이 앞으로 나아가지 못하게 붙잡는다. 새로운 경험을 감당할 수 없을 거라는 두려움 때문에 새로운 경험을 회피한다. 그래서 늘 안전한 선택을 하고 활기 없는 삶을 사는 것이다.

내 목표는 메타인지치료를 통해 우울한 사람이라도 아주 풍부한 삶을 살 수 있다는 걸 보여주는 것이다. 새로운 경험을 방해하는 두려움과 예상을 떨쳐낼 수 있다. 다른 나쁜 습관을 고칠 때처럼 인내심과 집중력이 필요할 뿐이다. 만약 오랫동안 계획을 무시하고 안전한 환경에서 시간을 보내는 데 익숙해졌다면 우리의 내적 통제 체계를 재구성하고 조정해야만 다른 사람들처럼 인생이 주는 기회들을 움켜잡을 수 있다. 지금은 절대 불가능해 보이는 가능성이라도 말이다.

머릿속에서 빠져나와 진짜 삶을 살기 위한 몇 가지 단계가 있다. 우선, 반추하는 자신을 알아차리고 인생이 어려움이나 실패, 부정적인 생각을 통해 우리에게 무엇을 보여주든 우리가 스스로 반추를 통제할 수 있다고 믿는 것이다.

메타인지치료의 다음 단계는 우리의 생각이나 감정과 관계없이 계획대로 행동할 수 있고 꿈을 실현할 수 있다는 걸 인식하는 것이다. 반추하는 시간을 줄이면 자유롭게 쓸 수 있는 시간이 많아져서 꿈을 현실화할 수 있다. 나는 보통 내담자들에게 이 여유 시간을 어떻게 활용하고 싶은지 물어본다. 인생의 긴 시간을 우울증과 함께 보냈다면, 자신이 정말 원하는 것이 무엇인지 알기 힘들 수도 있다. 당신만의 사업을 운영해보고 싶은 오랜 꿈을 품고 있는가? 아니면 하루를 시작하기 위해 몸부림치는 대신 매일 아침 미소로 하루를 열고 싶은가? 꿈을 찾고 나면 계획을 세워야 한다. 그것은 앞으로 몇 시간 동안의 계획이 될 수도 있고 인생의 전면적인 변화를 수반하는 계획이 될 수도 있다. 어떤 계획이든지 진행 과정 중에 의욕이 사라지더라도 계속 실행되어야 한다. 우울과 낙담은 인생에서 당신이 감수해야 할 몫이 아니다.

꿈과 소망은 우리가 삶에 적극적으로 개입할 때 생기는 것이다. 5성급 호텔의 화려한 뷔페 앞에 서 있다고 상상해 보자. 우리 눈앞에는 화이트와인에 찐 홍합과 건조육, 제철 야채 리소토가 있다. 신선한 샐러드와 달콤한 토마토, 살구 버섯, 새로운 감자 요리도 있다. 맛있는 치즈와 케이크, 과일과 견과류도 준비되어 있다. 당신은 이 음식들의 맛을 상상할 수는 있지만 직접 먹어보기 전까지는 정확히 어떤 맛이 날지 알 수 없다. 반드시 한 걸음 앞으로 나아가 접시를 집어 들어야 한다.

인생이 주는 모든 기회 앞에 섰을 때도 마찬가지다. 창의적인 활동을 하는 시간을 내기 위해 대학을 가거나 직업을 바꾸거나 파트너를 찾거나 파트타임으로 전환하고 싶은가? 그게 뭐든 어서 실행으로 옮기자! 도발적인 도전처럼 느껴질 수도 있다. 몇 년 동안 정반대의 전략으로 자신을 지켜왔는데 어떻게 갑자기 새로운 삶으로 뛰어드는 게 쉬울 수 있겠는가?

하루에 많은 시간을 반추하는 데 쓰는 사람이라면 재발할 수도 있는 우울증에 대한 두려움으로 미래를 제한하지 않아도 된다는 사실이 믿기 힘들지 모른다. 하지만 우울증을 지속시키는 반추를 통제할 수 있음을 믿고 당신이 유전자나 과민성 희생자가 아니라는 사실을 받아들이면 많은 시간을 훨씬 자유롭게 쓸 수 있을 것이다.

동기부여 없이도 행동하는 법

메타인지치료의 핵심 요소 중 하나는 동기부여 없이 행동하는 법을 배우는 것이다. 동기부여가 되지 않을 때도 무언가를 해내고, 계획을 고수할 수 있는 것이 중요하다.

우리를 움직이게 하는 동기와 욕망은 매일, 어떤 때는 매시간 다양하게 변화한다. 만약 바깥 날씨가 우중충하고 힘든 한 주를 보내고 있다면, 침대에서 빠져나와 운동하러 가거나 다른 사람들을 만나러 갈 의욕이 급격히 줄어드는 게 당연하다. 갑자기 숲으로 산책하러 나가고 싶지도, 가장 좋아하는 TV 프로그램을 보고 싶지도, 저녁으로 맛있는 음식을 만들어 먹고 싶지도 않다. 욕망에 다시 불이 붙도록 자기 자신에게 응원의 말을 건넬 수도 있고 어쩌면 그냥 침대에 누워서 의욕이 다시 돌아올 때까지 기다릴 수도 있다. 그러나 두 가지 전략 모두 더 많은 반추를 불러일으킬 위험이 있다.

우리는 어떤 동기나 욕망을 느끼지 않고도 매일 수백 가지의 일을 한다. 개인적으로 나는 저녁 식사 후 설거지를 할 때, 집을 정돈할 때, 자러 가기 전 양치를 할 때 동기가 사라진다. 그래도 그냥 한다. 의욕이 생길 때까지 기다리지 않는다. 오늘 아침을 떠올려봤을 때 침대에서 일어날 동기가 있었던 것도 아니다. 조금 더 자고 싶었다. 많은 사람들이 알람이 울릴 때 침대에 더 누워 있고 싶어 한다. 그러나 최고의 전략은 그냥 침대에서 일어나 출근을 하거나 약속에 나가는 것이다.

생각과 감정, 행동은 꼭 함께 공존할 필요 없는 세 가지의 다른 요소다. 우리는 의욕을 느끼지 않고도 하루에 수백 가지의 일을 해내고, 생각하지 않고 수백 가지의 행동을 한다. 우리가 하는 행동의 대다수는 생각과 감정과 아무 관련이 없지만 어쨌든 그냥 한다. 예를 들어, 만약 내가 헬스장에 갈 의욕이 생길 때까지 기다렸다면 아마

나는 영원히 가지 못할 것이다. 나는 슈퍼마켓이 너무 가고 싶을 때까지 기다렸다가 장을 보러 가지 않는다. 최고의 전략은 행동을 동기와 느낌, 생각과 너무 연관 짓지 않고 그냥 계획대로 행동을 실천하는 것이다.

아침에 침대에서 일어날 때를 생각해보자. 오전 7시에 알람이 울린다. 아늑하고 따뜻한 이불에서 나와 씻으러 가기 위한 동기는 거의 없다. 이럴 때 우리는 어떻게 할까? 몇 가지 대응이 있을 수 있다. 우리가 어떤 전략을 쓰는지에 따라 쉽게 침대에서 빠져나올 수 있을지 없을지가 결정된다.

- **전략 1**: 계속 침대에 누워있는 채로 일어나려는 욕망이 들 때까지 기다린다. 이것은 좋은 전략이 아니다. 반추하기에 이상적인 환경을 제공할 뿐만 아니라 우리가 눈을 떴을 때 느꼈던 피로와 우울감이 더 악화된다.
- **전략 2**: 생각을 억누르거나 묻어버리거나 머릿속에서 쫓아내려 한다. 이 전략은 오히려 역효과를 낳을 수 있다. 기운만 빠지고 욕조 물 아래로 밀어 넣어도 계속 떠오르는 고무 오리처럼 생각도 계속 떠오를 것이다.
- **전략 3**: 뜨거운 커피나 아침 햇살로 유인해 침대에서 일어

나도록 스스로 용기를 북돋아 준다. 이것도 아주 좋은 전략은 아니다. 내면에서 일어나는 갈등은 머릿속에 더 많은 걱정을 일으키고 침대에서 빠져나오기 위한 전략이었음에도 침대에 누워 있는 것이 제일 낫다는 결론을 내리게 될지도 모른다. 머릿속에는 '이제 그만 일어나자. 오늘은 좋은 하루가 될 거야.'라는 생각과 '아니야. 그렇지 않아. 난 오늘 하루를 시작할 힘이 없어.'라는 생각이 대립한다. 이 논쟁에서 용기를 북돋아 주려는 생각이 이기리라는 보장은 없다. 이 격려의 말도 '적극적인 사고'라고 할 수 있는데, 앞서 살펴봤듯이 지나친 생각으로 발생하는 문제는 생각을 더 많이 한다고 해서 해결할 수 없다. 그것이 아무리 긍정적인 생각이라도 말이다.

- **전략 4**: 또 다른 전략은 자신을 아침에 일어나지도 못하는 게으른 사람이라고 비난하면서 정신을 차리려고 시도하는 것이다. 자기비판을 통해 무언가를 이뤄낼 수도 있지만 그 과정에서 자존감과 좋은 기분은 사라진다. 우리가 반추를 통해 더 나은 습관을 들이는 것은 불가능하다. 그러므로 이 전략도 특별히 좋다고 할 수는 없다.

- **전략 5**: 가장 좋은 전략은 생각으로부터 거리를 두는 것이다. 일어나기로 한 계획에 집중하고 욕망과 의욕이 사라졌

다는 사실은 무시한다. 계획에 집중할 때 의욕이 없다는 생각은 잠잠해질 것이다.

의욕을 끌어올리기 위해 스스로 응원의 말을 하거나 계획을 따르지 않을 선택권을 주지 않고 정해진 계획대로 실행할수록 우리는 생각이나 감정과 관계없이 행동할 수 있다는 사실을 더 잘 알게 된다. 마음은 집에 있고 싶지만 몸은 시내로 나갈 수 있고, 마음은 소파에서 TV를 보고 싶어도 몸은 헬스장에 갈 수 있다. 생각과 행동을 분리할 줄 알게 된다.

마음은 '이것 아니면 저것'이 아니라 '이것과 저것'이다

인간의 마음은 우리가 아는 것보다 훨씬 더 정교한 방식으로 작용한다. 많은 사람들은 우리의 상태가 '이것 아니면 저것'이라고 생각한다. 200퍼센트의 우울감 때문에 앉아 있을 기운도 없어서 아무것도 못 하는 상태거나 아니면 모든 일을 다 잘 해내는 상태 중 하나일 것으로 생각한다. 하지만 마음은 이런 방식으로 작동하지 않는다. 동시에 상반되는 감정을 느낀다. 행복하면서 슬프고, 사랑하면서 증오할 수 있다. 우리의 마음은 '이것 아니면 저것'이 아니라 '이것과 저것'이다.

　머릿속에 촉발 사고가 떠올라서 신체적으로 기분이 좋지 않은 동시에 영화관에서 재밌는 영화를 즐길 수 있다. 한 가지가 다른 한 가지를 불가능하게 만들지 않는다. 욕망과 행동은 상호 배타적이지 않다. 우리는 욕망 없이도 쉽게 행동을 취할 수 있다. 많은 내담자들이 욕망이나 의욕이 없지만 회사나 사교 모임에 억지로 나갔을 때 자신의 촉발 사고를 알아차리지 못한다고 말한다. 초대를 거절하고 싶어도 우선 참석하고 나면 즐거운 저녁 시간을 보내게 된다. 처음에는 가고 싶은 욕망이 없어도 막상 파티에 참석하면 내면의 생각에서 벗어나 기분이 더 좋아진다고 말한다. 어떤 사람들은 문제와 두려움에 대한 부정적인 생각이 계속 맴도는 동시에 좋은 시간을 보낼 때도 있다고 얘기한다. 따라서 둘 중 한 가지가 일어나는 게 아니라 두 가지 모두 동시에 일어날 수 있다. 내가 실제 상담 센터에서 하는 치료법은 다음과 같다.

동기부여 없이 행동하는 연습하기

일반적으로 사람들은 하고 싶지 않은 일을 하는 것을 힘들어하지만, 동기부여 없이 행동하는 능력은 연습할수록 는다. 나는 내담자들과 함께 그들이 원하지 않아도 해야 하는 일의 목록을 작성한다. 목록은 다음과 같다.

- 먹기
- 침대에서 일어나기
- 누군가와 대화하기
- 누워서 쉬기
- 산책하기
- 식기세척기 비우기

내담자들이 하고 싶은 생각과 감정 없이도 이런 일들을 쉽게 한다는 것을 발견하고 나면, 그들의 기분이나 마음가짐이 어떻든 정해진 요일에 특정한 활동을 하고 제때 중요한 결정을 내릴 준비가 된 것이다.

어떤 내담자들은 매일 7시에 일어나서 8시, 12시, 6시에 식사를 하며, 매일 오후 최소한 10분씩은 산책을 하기로 다짐했다고 말한다. 매주 최소한 두 명의 사람을 만나겠다고 결심한 내담자들도 있다. 그들은 이웃과 커피를 마시고, 친구와 아침을 먹고, 동료와 산책을 할 것이다. 시간이 흐르며 그들은 좋은 하루를 보내든, 힘든 하루를 보내든 상관없이 안정적인 수준의 활동을 유지할 수 있음을 알게 된다.

나는 내담자들이 스스로 3일에 한 번씩 '지금 내가 가장 하고 싶지 않은 일은 무엇인가?'를 묻고, 그 일을 실천하면서 '동기부여 없이 행동하기' 훈련의 난이도를 높여보길 권한다. 이 방법을 통해 그들은 의욕이 없어도 계획된 행동을 실천할 수 있다는 걸 발견한다. 이런 경험이 쌓이면 그들은 욕망과 의욕이 시간에 따라 변하는 일들— 예를 들면, 교육 과정이나 안정적인 일자리, 연애 관계 — 을 지속할 힘이 생긴다.

추진력을 얻기 위해 생각과 행동 분리하기

인생에서 가장 중요한 결정조차도 올바른 마음가짐이나 100퍼센트 확신 없이 일어날 수 있다.

중요한 결정을 내리는 일은 좀처럼 간단하지 않다. 우

선, 결정을 내리기 전에 고민 중인 문제를 다각도에서 바라보는 것이 좋다. 만약 직장에서 더 이상 성장하지 못해서 사임을 고려 중이라면, 아마도 당신의 재정 상태, 새로운 일자리를 위한 선택지, 당신의 훌륭한 동료들, 일상이 주는 안정감 등을 고려할 것이다. 이런 생각들 때문에 당신이 애초에 느낀 사임에 대한 충동을 실천하기 망설이게 된다.

내담자들이 자주 언급하는 또 다른 사례는 결혼 생활이 더 이상 예전 같지 않아서 배우자를 떠나고 싶어 하는 경우다. 내담자는 결혼생활이 충분히 힘들지만, 나중에 후회하지 않을지, 이 일이 아이들에게 안 좋은 영향을 미치지 않을지에 대한 두려움 때문에 헤어지는 것을 망설인다고 말한다. 그렇다고 그녀는 결혼 생활을 유지하면서 배우자와의 더 나은 관계를 위해 싸우기를 선택하지도 않는다. 이쪽도 저쪽도 아닌 불확실한 상태에 머물며 가능성에 대해 반추한다. 그녀는 확신 없는 결혼 생활을 유지 중이다. 대부분 사람들은 결국 결혼 생활을 회복하기 위해 최선을 다하기로 결정하거나 이혼을 결정하지만, 고민왕들은 이런 어정쩡한 상태를 유지한다.

생각을 많이 하는 사람들은 다른 사람들보다 결정 내

리는 것을 훨씬 더 힘들어한다. 게다가 고민 왕들은 반추에 대해 또 반추하는 경향이 있다. '나는 왜 그냥 결정을 내리지 못할까? 나는 왜 계속 마음을 바꾸는 걸까?' 새로운 반추가 원래 갖고 있던 문제를 더 혼란스럽게 만들 수 있다. 어떤 사람들은 이렇게 딜레마에 중점을 둔 반추에 부적절한 규칙을 적용하므로 결정을 내리는 것이 더 힘들어진다. 선택에 100퍼센트 확신이 들 때까지 딜레마에 대처할 수 없다면 우리는 어떤 추진력도 없는 생각에 갇힐 위험이 크다. 가장 좋은 전략은 우리가 결정을 내릴 때까지 행동하기를 기다리지 않는 것이다. 과연 언제쯤이면 마음이 정리될까? 2주? 2년? 어쩌면 그런 때는 영원히 오지 않을지도 모른다. 훨씬 더 건강한 규칙은 반추하는 시간을 제한하고 정해진 기간 내에 행동하는 것이다.

상담센터에서 나는 아래의 3단계 모델을 출발점으로 내담자들에게 정해진 시간을 기준으로 행동하는 방법을 가르쳐준다. 개인의 스케줄에 따라 계획을 조정하겠지만, 정해진 기간을 연장해선 안 된다.

- 내담자는 이 훈련을 완수할 기간―예를 들면, 석 달―을 스스로 정한다. 그녀는 하루에 1시간씩 석 달 동안 이 상황

을 분석하는 데 쓰기로 결심한다. 할당된 시간에는 이 상황의 모든 측면을 생각하는 데 집중한다.

- 석 달 후에 그녀는 결정을 내린다. 이제 명쾌한 답이 나오지 않더라도 행동으로 옮겨야 한다. 만약 이혼을 고민하고 있었다면, 이혼하거나 결혼생활을 유지하거나 둘 중 하나를 선택해야 한다.

- 결정을 내린 후에 자신이 옳은 결정을 내렸는지 의심하게 하는 촉발 사고가 떠오르면, 이런 생각에 거리를 두는 마음챙김을 실천해야 한다. 이런 생각에 휩싸여 반추하게 내버려 두어선 안 되며 생각이 그냥 흘러가도록 둬야 한다. 하루에 최대 1시간 동안 의심에 대한 생각을 분석하고, 정해진 시간이 아닌 때에 떠오르는 생각은 그저 수동적으로 관찰하길 권한다. 이제 우리는 그녀의 결정을 평가할 수 있는 기간을—예를 들면, 한 달 혹은 여섯 달—설정한다. 만약 거리를 두는 마음챙김의 기간이 끝난 후에도 여전히 의심의 마음이 든다면 3단계 모델을 다시 처음부터 시작한다.

쉬운 훈련은 아니다. 인생의 중요한 결정에 대한 명쾌한 답을 영원히 찾지 못하는 사람들도 있다. 당신이 정확히 무엇을 원하는지 선택하지 못하거나 중요한 결정을 내리지 못한다 해도 그동안은 우울증 증상이 없는 괜찮은 삶을 살 수 있다.

메타인지치료를 통해 출근할 때, 영화관에 갈 때, 혹은 친구를 만나면서도 의심하는 마음은 계속 유지된다는 걸 알게 될 것이다. 한쪽 편에 의심이 숨어 있는 상태에도 행복하고 즐거울 수 있다. 가장 중요한 것은 의심의 마음을 없애는 것이 아니라 그럼에도 불구하고 반추를 통제할 수 있고 우울해하지 않으며 의미 있는 삶을 살 수 있다는 걸 깨닫는 것이다.

> *"메타인지치료는 번뜩이는*
> *깨달음을 얻은 순간이었다."*

두 번째 메타인지치료 시간에 심리치료사는 이렇게 물었다. "우울증 때문에 반추를 많이 하는 걸까요? 아니면 반추하는 습관 때문에 우울증이 생기는 걸까요?"

선생님의 질문이 내 마음에 콕 박혔고 갑자기 모든 게 명쾌해졌다. 문제는 내 생각이었다. 나는 내가 잘하고 있는지, 다른 사람들이 나를 좋아하는지에 대해 항상 생각했다. 또한 내가 회사와 집에서 잘하고 있는지 늘 걱정했다. 생각에 너무 정신이 팔린 나머지 아이들과 대화를 하고 싶지 않을 때도 있었다. 내가 감당하기 힘든 정도의 괴로운 생각들이었다. 심리치료사와 대화를 하는 동안 우울증을 키우는 건 내 생각임을 깨달았다. 나는 평생 모든 문제는 더 깊이 파고드는 게 좋다고 확신했기 때문에 그것은 진정한 깨달음의 순간이었다.

나는 도움과 지원이 필요한 가족들이나 아이들을 위해 일했다. 아주 보람차지만 정신적으로 힘든 일이며 나의 업무 중 하나는 감독하고 감독받는 것이다. 내 생각과 감정을 얘기하고 정리하기 위해 여러 번 심리치료사를 찾았다. 나는 인지치료, 긍정심리학, 마음챙김, 요가 등을 시도했다. 나는 이 방법들을 시도한 것에 만족했다. 직장에서와 개인 생활 모두 내가 익숙했던 체계 안에서 효과를 보였다. 나는 그것이 다른 방식으로 작용할 수 있다고 생각해본 적 없었다. 그래서 나는 메타인지치료를 진행하는 심리치료사가 내 생각의 내용에 큰 관심이 없다는 것에 놀랐다.

나는 스트레스로 두 번째 신경 쇠약을 겪은 후 메타인지치료사를 찾았다. 두 번 모두 스트레스의 결과로 무기력함과 심한 우울감, 미래에 대한 두려움을 느꼈다.

처음 스트레스를 겪었을 때 충격을 받았다. 나는 한 번도 그런 비슷한 경험을 한 적 없었다. 직장에서 논쟁과 삭감 등 겪을 수 있는 모든 종류의 어려움이 몰려왔다. 내 상태는 급격히 악화되었다. 나는 숨을 쉴 수 없었고 출근할 수도, 걸을 수도 없었다. 내 몸은 모든 걸 완전히 포기했다. 그 시기에 시누이가 세상을 떠났고 그러면서 집안에 여러 힘든 문제가 생겼다. 그 결과로 나는 집안일로도 심각한 스트레스를 받았다. 직장과 가정에서 일어나는 모든 문제를 해결하는 것이 너무 힘겨웠다. 나는 애도 중이었고 내가 아끼는 이들도 마찬가지였다. 이런 일이 일어나는 동시에 두 명의 아이들도 돌봐야 했다.

촉발 사고는 이제 그냥 터무니없는 얘기일 뿐이다

메타인지치료가 진행되는 동안 나는 일이 개인사를 침범할 때 끊임없이 일들을 분석하고 있다는 걸 깨달았다. 이제 나에게 선택권이 있다는 사실이 분명해졌다. 접시에 무엇이 있든지 간에 우리는 그것을 얼마나 채울지 결정할 권리가 있다.

이것은 획기적인 경험이었다. 나에게 선택권이 있었지만, 지금껏 한 번도 생각해본 적 없었다. 나는 심리치료사의 조언대로 매일 오후 4시 30분부터 5시까지 반추하는 시간으로 정했다. 글쓰는 행위가 생각을 더 키울 수도 있기 때문에 정해진 시간이 아닌 시간에 떠오르는 생각은 기록하지 않았다. 이것도 나에게 획기적이었다.

그리고 그 생각들은 다시 머릿속에 떠오르지 않았다. 이 모든 촉발 사고는 그냥 터무니없는 얘기일 뿐이었다. 내가 느끼던 부정적인 감정은 사라지지 않았다. 나는 여전히 미래가 불안했고 내가 부족한 사람은 아닐지 걱정했다. 그러나 이런 생각을 있는 그대로 흘려보낼 수 있었다.

나 자신을 조절하는 법을 배웠다. 이제 나는 어떤 경험이나 어려움을 겪을지는 전혀 중요하지 않다는 걸 안다. 중요한 것은 오히려 내가 내 생각과 어떻게 연관 짓느냐. 나는 하루 종일 반추할까? 아니면 반추를 가만히 내버려 두기로 선택한 것을 받아들이고 그것에 만족할 수 있을까? 이 깨달음이 나를 살렸다. 이 사실에 대해서는 의심의 여지가 없다.

나는 여섯 차례의 메타인지치료를 통해 배운 전략을 일상에서 활용한다. 내가 스트레스를 많이 받은 날 더 많은 생각이 떠오른다는 걸 알아차렸다. 과거에는 이런 생각이 무엇을 의미하는지에 대해 미리 걱정하곤 했다. 나는 느낌이나 감정을 반추하고 사색했다. 하지만 더 이상 그러지 않는다. 여전히 부정적인 생각은 떠오르지만, 이제 떠오르는 생각을 가만히 두기로 선택할 수 있다. 나는 이제 생각의 기차에 올라타지 않아도 된다는 걸 안다. 또한 모든 우울한 일, 걱정, 생각은 내가 꿰뚫어 볼 수 있는 것이며 그것들 너머에 있는 정말 중요한 걸 볼 수 있음을 안다. 심리치료사는 나에게 창문에 우울한 생각들을 모두 적어보고 그 글자 너머로 무엇이 보이는지 물어보았다. 이 질문에 답하는 건 쉬웠다. 나는 가게와 거리에 지나가는 사람들이 보였다. 머릿속에 있던 많은 생각도 마찬가지였다. 그들은 그냥 공기 같은 것이었다. 나는 생각 너머에 있는 걸 볼 수 있었고 다른 것에 집중할 수 있었다.

물론 해결하고 넘어가야 하는 문제나 어려움도 있다. 모든 사람이 해결해야 하는 재정 상태 같은 일반적인 문제들이다. 그러나 나는 그런 문제들도 생각하기에 적절한 때가 될 때까지 가만히 내버려 둘 수 있다. 나는 '지금 당장 해결해야 하는 문제일까? 아니, 그렇지 않아. 그럼 주말에 해결하자.'라고 생각한다. 그렇게 생각을 가만히 내버려 두는 것이다.

정신없이 바쁘고 힘든 날, 나는 메타인지치료를 통해 배운 몇 가지 훈련을 다시 되새긴다. 나는 소리를 활용한 주의 훈련을 정말 좋아한다(119쪽 참고). 나는 1분 동안 외부의 소리에 집중하고 촉발 사고를 내버려 둔다. 예전에는 일을 하고 있거나 다른 일에 집중하고 있을 때 밖에서 자동차 소음이 방해하면 스트레스를 받았다. 하지만 지금은 그 소리를 들을지 말지 내가 선택할 수 있음을 안다.

그건 분명 도움이 되는 방법이다. 나는 메타인지치료 덕분에 지금까지 일을 할 수 있다고 생각한다. 내가 바라던 대로 근무 시간을 줄였고 지금도 그 생활은 잘 유지되고 있다.

베릿의 촉발 사고가
우울증으로 진행되는 과정

베릿은 자주 자존감이 중심이 되는 촉발 사고에 휩쓸린다. 그녀는 자신에게 실망할 일 없이 모든 게 완벽한 모습을 요구했다. 베릿의 촉발 사고는 그녀가 일에 대해 생각하거나 만족스럽게 해결하지 못했다고 느끼는 문제들을 생각할 때 자주 떠올랐다. 그녀는 일반적으로 하루에 8시간씩 반추했고 이런 습관은 우울감과 피로, 의욕 저하를 일으켰다.

촉발 사고
- 왜 나는 기억력이 저하되었을까?
- 나는 뭐가 문제인 걸까?
- 왜 나는 다른 사람들처럼 일을 잘하지 못하는 것일까?
- 나는 나에게 맞는 일을 선택한 것일까? 직장을 옮겨야 할까?

▶

인지주의 증후군 반응
- 반추하기
- 긍정적인 생각하기
- 걱정하기
- 병가 내기

할애하는 시간
- 하루에 9~10시간

▶

기분/증상
- 우울감
- 스트레스
- 의욕 저하
- 피로
- 불면증

증상을 악화시킨 베릿의 과거 전략	증상을 극복한 베릿의 새로운 전략
사고방식 나는 촉발 사고가 떠올랐을 때 그 생각을 붙잡고 계속 되뇌었다. 부정적인 생각을 많이 했고 내가 감당할 수 없을 만큼 반추하는 시간이 늘어났다. 하루 혹은 그보다 더 길게 반추할 때도 있었으며 다른 사람들과 내 생각을 나누거나 내가 완전히 지칠 때까지는 반추하는 것을 멈추지 않았다. 다른 사람들과 내 생각을 공유할 때 더 많은 반추를 불러일으켰다.	사고방식 촉발 사고가 떠올랐을 때 나는 그 생각이 내 머릿속을 장악할 수 있다는 걸 인지하고, 생각이 있는 그대로 흘러가게 내버려 둔다. 나는 이제 다른 생각들을 활용한다. 부정적인 생각을 살펴보고 이것은 생각일 뿐이라는 사실을 되새긴다. 그리고 그 생각에 어느 정도까지 매달릴 것인지는 내 선택에 달려 있다는 걸 기억한다. 나는 의식적으로 정해진 반추 시간까지 생각하지 않고 기다린다. 나는 며칠 동안 반추하지 않고 빠르게 생각을 처리한다.
주된 관심사 나는 대부분 부정적인 생각에 집중한다.	주된 관심사 반추가 문을 두드릴 때 나는 이제 더 넓은 세상에 뿌리를 내리고 있다.
행동 나는 반추하는 행위가 너무 중요해서 다른 사람들과 시간을 보내는 게 힘들었다. 나는 내성적이고 내향적인 사람이 되었다.	행동 나는 반추를 멈추기 위한 의식적인 노력으로 몸을 계속 움직인다. 나는 음악을 틀고 노래에 집중하거나 라디오에서 흘러나오는 대화에 집중한다. 나는 매일 내 생각을 분석할 수 있는 시간을 따로 정해 놓는다. 이 시간은 한정되어 있고 절대 더 늘릴 수 없다. 그러나 대부분의 경우, 정해 놓은 반추 시간이 될 때쯤엔 이미 촉발 사고가 머릿속에서 사라졌거나 중요하지 않은 문제가 된다.

내 생각에 대해 알게 된 점
스트레스 때문에 반추하는 것이 아니라 반추하는 행동이 스트레스나 우울증 증상을 유발한다는 것을 알게 되었다.

Part 6

약물치료가 정말 필요할까

항우울제는 전 세계 많은 가정의 상비약상자에 자리 잡고 있다. 누군가에게 항우울제는 삶이 도저히 견딜 수 없을 때 슬픔에서 벗어나는 방법이자 해결책이다. 그러나 많은 사람들에게 약물은 만족스러운 해결책이 되지 못한다. 증상을 제한하는 데 경미한 효과를 보이고 부작용도 있는 데다 재발 위험이 크기 때문이다.

우울증 치료를 위해 도움을 요청하거나 약을 복용하는 것을 전혀 부끄러워할 필요 없다. 하지만 여러 이유로 경미하거나 중증의 우울증을 치료하는 첫 단계로 항우울제를 처방받는 일은 삼가야 한다.

새로운 연구에 따르면, 이 약물로 얻는 효과가 수많은

부작용(메스꺼움, 식욕부진, 체중증가, 어지러움, 성욕 저하 등)을 뛰어넘는 경우는 거의 없다. 심각한 우울증의 경우, 약물치료는 환자 50퍼센트의 우울증 증상을 눈에 띄게 감소시키는 것으로 나타났다. 그러나 증상이 완화된 이 환자들도 약물치료를 그만두면 (상담 치료와 비교해서) 높은 재발률을 보인다. 약물이 증상을 완화하지만 우울증의 원인을 없애주지는 않기 때문이다.

어떤 연구 결과에 따르면, 사람들이 항우울제를 복용하다가 중단했을 때 자살 충동의 위험성이 커진다고 한다. 이런 현상의 원인은 아직 밝혀지지 않았지만, 한 가지 가능성은 약물이 마음의 하위 단계에서 감정의 자연적인 조절을 막는다는 것이다(30쪽에 있는 S-REF 모델을 참고하자). 만약 부정적인 생각이나 감정이 약물로 완화되거나 억압된다면, 이는 약물 복용 중단 후 재발 위험성이 커지는 현상의 원인이 될 수 있다.

항우울제를 복용한 후 우울 증상이 더 악화되는 것처럼 느끼는 사람들도 있다. 그들은 처음 약을 복용할 때 강한 자살 충돌과 공허함을 느낀다. 누군가는 자기 가치에 대해 새로운 부정적인 반추를 경험하는 동시에 체중 증가와 성욕 감소 같은 부작용으로 고생하기도 한다. 약물치료로 큰 효과를 얻지 못하는 또 다른 이유는 항우울제를 복용하더라도 반추하는 행동은 사라지지 않으므로 우울증도 지속될 수 있기 때문이다.

만약 당신이 항우울제를 복용한 후 부작용보다 효과를 경험하고 이에 만족한다면, 계속 복용해도 좋다. 하지만 복용 후에도 큰 도움을 받지 못했거나 부작용이 걱정되는 사람이라면 치료의 첫 단계로 메타인지치료를 고려해보길 바란다.

손가락을 튕기는 것만큼 쉽지는 않다

약물치료로 큰 도움을 받고 있는 사람들이 많기 때문에 '당신의 뇌는 정말 약물치료가 필요할까?'라는 질문은 부적절하다고 말하는 사람도 있을 것이다. 나는 누구나 쉽게 약을 창밖으로 던져버릴 수 있다거나 반드시 그래야 한다는 의미가 아니다. 약을 갑자기 중단하면 위험한 신체적 부작용이 나타날 뿐만 아니라 곧바로 우울증 증상들을 경험할 수 있다. 만약 항우울제 복용을 중단하고 싶다면, 우울증 증상이 다시 나타날 때 즉시 도움과 지원을 받을 수 있도록 의료진의 지도 아래에 진행되어야 한다.

내 목표는 약물치료로 효과를 보고 있는 누군가를 꾀어내려는 게 아니라 메타인지치료처럼 효과적인 심리치료의 도움을 받는다면 약물 없이도 잘 살 수 있음을 사람들에게 알려주는 것이다. 메타인지치료를 통해 약물의 의존도를 낮추고 궁극적으로 항우울제 복용을 완전히 중단할 수 있게 도와주는 전략들을 배울 수 있다.

약물을 복용하는 사람이라면?

당신에게 처방된 약을 갑자기 중단하면 절대 안 된다는 사실을 다시 한번 강조한다. 의사와의 상담 없이 복용을 중단하면 우울증이 재발하거나 심각한 부작용을 겪을 수 있다. 만약 약을 중단하고 싶다면 의사와 복용을 중단하는 가장 적합한 방법을 상의해보길 바란다.

당신의 우울증은 세로토닌 부족 때문일까?

우울증을 세로토닌 결핍으로 인한 뇌의 화학적 불균

형으로 이해하는 사람이 많아지면서 뇌의 세로토닌 수치를 높이는 약물로 우울증을 치료해야 한다고 믿는 사람도 많아졌다. 나는 이런 믿음이 위험하다고 생각한다. 우울증이 통제할 수 없는 뇌 질환이라는 인식 때문에 사람들은 우울증에서 벗어나지 못하며 올바른 전략을 선택하면 얼마든지 스스로 통제할 수 있다는 사실을 깨닫지 못한다. 우울증을 앓는 사람들의 세로토닌 수치가 낮은 경향을 보이는 건 사실이다. 그러나 낮은 세로토닌 수치와 우울증이 공존할 뿐이지 우울증이 세로토닌 결핍 때문에 일어난다고 결론지을 수는 없다.

웰스와 동료들이 진행한 연구가 보여주듯이, 우울증은 부적절한 메타인지 및 사고 전략과 연관이 있다. 우리는 생각을 억누르고, 반추하고, 기분을 점검하고, 자신을 위안하며 불편한 상황을 회피하려 한다. 그래서 대부분의 사람들에게 가장 효과적인 치료 방법은 생각을 덜하는 것이다.

나는 우울증 때문에 뇌가 눈에 띄게 변했다고—혹은 우울증으로 뇌가 손상되었다고 믿거나—말하는 사람들을 만난다. 그들은 MRI 스캔을 가리키며 크기가 줄어든 해마를 보여준다. 그들의 얘기가 완전히 틀린 건 아니다. 뇌는 우리가 우울하거나 반추를 많이 할 때 변화한다. 그러나 우울증이 뇌를 바꾸는 유일한 원인도 아닐뿐더러 그 변화가 반드시 영구적인 건 아니다. 뇌의 화학작용은 우리가 무엇을 하고 있는지에 따라 끊임없이 변한다. 예를 들어, 우리가 커피나 소다를 마시거나 초콜릿 케이크를 먹을 때 눈에 띄는 화학적 균형의 변화를 확인할 수 있다. 이런 변화는 지극히 정상이다. 초콜릿을 먹고 난 후 뇌가 변화할 때 우리는 이것이 뇌 손상을 일으키거나 영구적인 변화라고 결론 짓지 않는다. 물론 오랜 세월 반추를 하다보면 뇌의 신경전달물질과 호르몬에 영향을 미칠 것이다. 슬픔이나 절망감을 느낄 수도 있다. 또한 반추와 걱정으로 뇌가 지나치게 일을 많이 하면, 기억력과 집중력이 떨어진다. 그러나 우리의 뇌는 가소성이 좋아서 반추하는 시간을 줄이면 인지 기능이 회복된다.

지금까지 우울증과 뇌의 세로토닌 결핍 사이에 직접적인 인과관계를 보여주는 연구 결과는 없었지만, 우울증과 반추와의 연관성은 입증되었다. 여러 실험 결과에 따르면, 짧은 시간이라도 반추하거나 부정적인 생각에 대해 걱정한 피실험자들은 우울증의 증상을 경험했다. 『우울적 반추^{Depressive Rumination}』(2004)라는 책에서 파파조르지 우와 웰스는 실패와 우울한 기분을 떠올리며 자기가 중심이 되는 반추를 한 피실험자들의 우울 증상이 상당히 증가하는 것을 보여준 실험을 소개했다. 그 실험은 우울증을 앓는 사람들과 그렇지 않은 사람들을 대상으로 실시되었다. 대체로 우울증이 뇌의 화학적 결핍보다는 반추와 같은 부적절한 전략으로 인해 발생한다는 증거가 훨씬 많다.

상이한 우울증의 정도

지속적인 효과를 위해서는 효과적인 심리치료의 역할이 중요하다는 것을 알고 나면, 많은 의사들이 여전히 우울증을 치료하는 첫 단계로 항우울제 처방을 선호한다는 사실이 역설적으로 느껴진다. 물론 의사들은 환자들을 도우려는 신념을 갖고 약을 처방하는 것이다. 그러나 날마다 이렇게 많은 처방전이 나온다는 사실이 우울증이라는 질병에는 심리치료보다 약물치료가 더 저렴하고 효과적이라는 일반적인 관념을 강화시킨다. 일부 국가나 지역에서는 치료를 받으려는 환자들이 오랜 기간 대기해야 하는 경우도 있기 때문에 항우울제 처방이 의사들이 즉각적인 치료를 위해 할 수 있는 유일한 방법이 될 때도 있다.

하지만 약물치료가 메타인지치료보다 더 저렴하다는 증거는 없으며 특히 장기적으로 봤을 때는 더욱 사실이 아니다. 장기적으로 우울증에서 벗어나는 효과적인 방법은 인생에서 맞닥뜨리는 내적, 외적 어려움에 대처할 수 있는 전략을 배우는 것이다. 메타인지치료가 우울증을 극복하는 가장 지속가능한 해결책일지도 모른다.

웰스 박사와 함께 진행한 연구뿐만 아니라 다수의 연구 결과에 따르면, 사람들은 일반적으로 6~12회의 메타인지치료 후에 우울증에서 회복한다. 이 결과는 더 심각한 우울증을 앓는 경우에도 마찬가지였다. 약물치료와 달리 메타인지치료는 부작용이 없으며 다른 치료법들처럼 효과를 보기까지 몇 달 혹은 몇 년이 걸리지도 않는다.

나는 가끔 메타인지치료를 받고 우울증을 극복한 후에도 약물을 계속 복용하는 내담자들을 만난다. 그들은 '약물 때문에 내가 괜찮아진 거라면 어떡하지? 약물 없이 살 수 없으면 어떡하지?'라고 생각하며 불안해하기 때문이다.

이런 마음은 충분히 이해한다. 그래서 그들이 반추하

는 습관과 일상생활을 완전히 통제할 수 있게 되고, 의사와 약물의 복용량을 서서히 줄이는 계획을 세운 후에 약물 복용을 중단해야 한다는 것을 다시 한번 강조한다.

그러나 만약 메타인지치료에 대해 배운 후 우울감을 느끼지 않는데도 약물을 너무 오래 복용하면 자제력이 약해질 수 있다. 그것은 오래전에 자전거 타는 법을 터득했음에도 계속 보조 바퀴를 달고 자전거를 타는 것과 같다.

보조 바퀴 떼어내기

일반적으로 우울증은 인지 기능 중 특히 집중력과 기억력을 떨어뜨린다. 실제로 많은 우울증에 걸린 사람들이 약속이나 생일, 일상 업무 등을 잊어버린다. 집중력과 기억력 저하는 인지주의 증후군의 아주 흔한 결과로 사람들에게 좌절감을 안겨준다. 우리가 즐겨보던 프로그램이나 읽고 있던 소설에 갑자기 집중할 수 없게 된다.

그래서 자전거를 탈 때 보조 바퀴를 부착하는 것과 같은 전략으로 우리가 기억해야 할 모든 정보를 매일 기록해두고 싶어진다. 그러나 이런 기록들이 우리의 기억력에 문제가 있음을 증명하는 존재기 때문에 스트레스를 키우고 결국은 우리에게 해로운 역할을 한다. 인지 문제는 보통 생각을 너무 많이 함으로써 발생하는 결과다. 머리를 항상 사용하고 있다면 뇌는 최적으로 기능하지 않을 것이다. 축구선수가 밤낮으로 공을 차면서 회복할 시간을 주지 않는 것과 같다. 거리를 두는 마음챙김을 실천하며 생각으로부터 잠시 휴식을 하는 것이 우리 뇌가 잘 기능하도록 하는 방법이다.

내 경험에 따르면, 반추하는 시간을 줄일 때 뇌의 성능과 집중력, 기억력 등이 서서히 회복된다. 육체와 마음과 마찬가지로 기억력도 스스로 치유하는 힘이 있다.

병가는 우울증을 더 지속시킬 수 있다

우리 사회는 우울증을 앓는 사람들에게 우울증을 극복하기 위해 직장에서 병가를 내고 재충전의 시간을 가지라고 충고한다. 나는 의료 전문가에게 최대한 일을 하지 않고 휴식과 안정을 취해야 한다는 조언을 들었다고 하는 내담자들을 자주 만난다. 그들에게 이 방법이 도움이 되었는지 물어보면 대부분은 그렇지 않다고 답한다. 누군가에게 휴가는 평온과 안정을 준다. 그러나 이것은 외부 자극으로부터 단절이 필요한 심각한 우울증을 앓는 사람들에게만 해당한다. 때로는 바쁜 직장에서보다 거실 소파에 가만히 앉아 쉴 때 생각을 덜 하게 된다. 따라서 병가를 내는 것이 단기적으로는 도움이 될 수도 있지만, 증상을 유발하는 원동력인 기제를 바꿔주지 않기 때문에 우울증에 대한 근본적인 해결책은 될 수 없다. 병가는 우리를 일시적으로 보호해줄 수 있지만 직장에서 살아남는 방법을 터득하는 데 도움이 되지 않으며, 삶에 대한 통제력을 잃게 만들 수도 있다. 만약 그들이 촉발 사고를 수동적으로 관찰하고 반추하지 않는 방법을 배우지 못하면 병가를 냈던 사람들은 촉발 사고가 일어나는 환경으로 돌아가자마자 우울증이 재발할 위험이 커진다.

어떤 내담자들이 병가를 낸 후 우울증이 더 악화되는 또 다른 이유는 반추할 시간이 더 많아지기 때문이다. 소파에 멍하니 앉아 있는 것 말고 달리 할 일이 없다면 우울증에 더 깊이 빠져들 위험이 있다.

그들은 무언가를 하기 시작하고 그들이 가진 문제가 아닌 다른 곳으로 생각을 돌릴 때 기분이 한결 나아졌다고 얘기한다. 우울증은 당신이 반추를 멈출 때 완화된다. 그러므로 단지 휴식을 취하거나 잠을 더 잔다고 해서 우울증에서 벗어날 수 있는 건 아니다. 오히려 더 무기력해지기 쉽다.

최근에 한 남성이 상담을 위해 나를 찾아왔다. 감사원으로 근무하던 그는 오랫동안 기분 저하와 식욕 부진, 기력 저하를 겪은 후 병가를 냈다. 그러나 그의 기분은 나아지지 않았다. 그는 건강을 다시 회복할 수 있을지, 다른 사람들이 자신의 상황에 대해 어떻게 생각할지에 대해 걱정했다. 또한 휴직한 이유에 대한 질문을 받을까 두려워 모임에도 잘 참석하지 않았다. 반추하며 사람들을 회피하는 기간이 길어질수록 그의 증상은 점점 악화되었고 이후로도 나아질 기미가 보이지 않았다. 그러나 메타인지 치료를 시작하고 그는 집에서, 사회적 상황에서, 직장에서 인지주의 증후군 반응을 줄일 수 있다는 걸 깨달으면서 좋은 기운과 적극적인 태도를 되찾았다. 이제 그는 우울증 증상을 유발한 과거의 전략을 완전히 통제할 수 있음을 안다.

Part 7

이제 삶에 뛰어들길

나는 이 책이 사람들에게 슬픔과 우울에서 벗어날 수 있는 영감을 주길 바란다. 촉발 사고를 알아차리고 반추의 기차에서 내리기로 선택하면, 우리는 도착지가 어디든 우울증을 극복할 수 있다. 이를 위해 사고 과정을 지배하는 메타인지적 신념을 바꾸어야 하며, 가족 간의 사소한 갈등 같은 일상적인 문제뿐만 아니라 질병, 죽음, 이혼처럼 더 심각한 문제에 대해서도 반추하는 시간을 제한하는 연습을 해야 한다.

머릿속에 있는 생각은 자신이 2분 동안 숙고할 가치가 있는 생각인지, 아니면 5시간 동안 숙고할 가치가 있는 생각인지 알지 못한다는 사실을 잊지 말자. 이런 평가를 하는 것은 바로 우리다. 우리밖에 없다. 우리가 생각과 감정에 덜 관여하고 다른 것에 집중하기로 선택할 때―독서나 자전거 타기, 주변 사람들과 어울리기 등― 우리는 머릿속에서 빠져나와 진짜 삶을 살 수 있다. 단지 우울증 증상을 완화할 뿐만 아니라 삶의 질을 올려준다. 부정적이거나 긍정적인 생각이 있든 없든, 아이들과 시간을 보내고 좋은 책을 읽으며 TV 프로그램을 보는 데 몰두할 수 있을 때 우리는 잘 하고 있는 것이다.

우리의 내면에서 벗어나면 더 넓은 세상에서 살 수 있다. 부정적인 생각과 감정을 회피하기 위해 단지 다른 곳으로 관심을 돌리는 문제가 아니다. 우리 마음이 삶과 더 연결되도록 하는 게 중요하다.

슬픔과 분노, 후회의 감정은 누구도 피할 수 없는 삶의 한 부분이다. 하지만 올바른 인식과 거리를 두는 마음 챙김으로 우리는 부정적인 감정이 더 깊어지지 않고 저절로 사라지도록 하는 법을 배울 수 있다. 알맞은 환경에서 마음은 스스로 치유된다.

우리의 뇌는 적절한 정도의 생각을 할 때 가장 잘 기능한다. 휴식과 회복 시간이 있어야 창의적인 생각도 할 수 있다. 기발한 아이디어를 떠올리고 싶다면 뇌를 휴식하게 돼야 한다. 여기서 말하는 휴식은 단지 잠자는 것이 아니라 깨어 있는 동안 생각과 교류하지 않고 생각을 그냥 흘려보내는 뇌의 휴식 시간을 의미한다.

거리를 두는 마음챙김은 뇌가 숨을 쉴 수 있는 공간이다. 여기서 우리는 '정지 모드'에 들어가 마음의 하위 단계가 저절로 조절되도록 둔다(30쪽의 S-REF 모델을 참고하자). 우리가 생각을 처리하지 않는다고 해도 뇌는 생각을 끊임없이 생성한다. 그러나 평소보다 더 적은 생각과 다른 종류의 생각이 떠오를 것이다. 이것은 우리가 답을 찾으려고 계속 뇌를 압박하지 않을 때 우리의 메타인지 도우미가 가장 잘 작동하기 때문이다. 반추하는 시간이 줄어들 때 우리는 더 긍정적이고 기운이 넘치며 창의적이게 된다. 그러므로 낮에는 거리를 두는 마음챙김으로 휴식을 취하는 것이 좋다. 소파에 앉아 창밖을 쳐다볼 수도 있고 좋은 영화 한 편을 봐도 좋다. 아니면 가족이나 친구들과 즐거운 시간을 보내는 것도 좋은 방법이다.

이 책을 통해 우리가 지금껏 알고 있던 우울증의 원인과 치료법과는 완전히 다른 접근법을 소개했기 때문에 논쟁의 여지가 있다는 걸 알고 있다. 우울증을 치료하는 대부분의 정신과 치료는 당신을 특별히 약한 존재로 보고 약을 복용하거나 스트레스를 유발하고 우울증을 일으킬 수 있는 상황에서 보호하는 방법을 쓴다. 우리 사회는 인생의 위기로 인한 부정적인 생각과 감정을 낱낱이 분석하고 자세히 들여다봐야 한다고 말한다. 그렇기 때문에 내가 반대되는 접근법을 얘기하는 것이 불편하게 느껴질 수 있다.

세계보건기구WHO는 2025년까지 우울증이 인류가 직면한 가장 큰 도전 중 하나가 될 것으로 예상한다. 이것은 고통받는 개인뿐만 아니라 사회 전체에 끔찍한 상황이 될 것이다. 그러나 우울증은 치유할 수 없는 만성 질병이 아니며 메타인지치료로 이를 바꿀 수 있다. 메타인지치료를 받는 사람들 중 70~80퍼센트는 항우울제나 전통적인 인지·분석 치료를 받지 않고도 우울증을 완전히 극복한다. 이는 우울증에 검증된 다른 치료법들보다 월등히 높은 성공률이다.

잃어버린 시간에 대한 후회

우리가 반추하는 데 시간을 덜 쓰고 바깥세상에 더

충실할 때 더 많은 시간과 긍정적인 태도를 갖게 된다. 나는 엄청난 시간을 생각하는 데 쏟느라 여러 기회를 놓치고 삶의 질이 하락하고 우울증을 키우는 사람들을 자주 만난다. 그들은 이렇게 많은 기회와 좋은 시간을 놓쳤다는 걸 깨닫고 깊은 슬픔을 느낀다.

또한 이런 상실감으로 새로운 촉발 사고가 떠오르는 것도 자연스러운 일이다. '나는 내 인생을 왜 이렇게 낭비했을까? 진즉 알았다면 몇 년 동안 약을 복용하거나 치료와 입원을 하지 않고도 우울증에서 벗어날 수 있었을 텐데.'

이미 놓친 세월에 대해 할 수 있는 일은 많지 않다. 회상한다고 세월은 돌아오지 않으며 과거는 되살아나지 않는다. 이것에 대해 자책해선 안 된다. 우리는 당시에 갖고 있던 경험과 지식을 활용하여 모든 일을 처리한다. 그러므로 우리가 과거에 그렇게 행동한 충분한 이유가 있었을 거라고 믿는다. 그러나 과거의 일에 너무 깊이 파고들지 않는 게 가장 좋다. 오히려 지금은 앞날을 생각하고 메타인지치료로 우울증 없는 미래에 대한 희망에 손을 뻗을 때다.

내가 바라는 것은 이 책을 통해 당신이 메타인지치료

에 관심을 갖고 부정적인 생각과 감정을 다루는 법을 배우게 되는 것이다. 가장 큰 효과를 보려면 자격을 취득한 전문가의 도움을 받으며 적절한 훈련을 해야 한다. 새로운 치료법이긴 하지만, 세계 각국에 전문 훈련을 받은 치료사들이 늘어나면서 더 많은 사람들이 접근할 수 있는 치료법으로 자리 잡고 있다.

자아상을 바꿔줄 이 방법을 통해 당신은 긍정적인 경험과 성공을 거머쥘 수 있다. 당신은 생각과 감정을 통제하고 다룰 줄 아는 강인하고 확신에 찬 사람이라는 걸 알게 될 것이다. 언제나 슬퍼하거나 기운이 없고, 우울해하지 않고 감정적인 경험을 헤쳐 나가기 위해 당신의 능력에 의존하는 법을 배울 수 있다. 앞으로 우리가 얼마나 많은 촉발 사고에 영향을 받든지, 그리고 인생의 고충으로 얼마나 불행하고 좌절하고 슬퍼지든지, 우리는 거리를 두는 마음챙김으로 모두 극복할 수 있다.

에이드리안 웰스는 이렇게 말했다. "촉발 사고는 낚싯바늘이고 당신은 물에서 헤엄치는 물고기다. 당신이 얼마나 많은 낚싯바늘을 마주하게 될지 결정할 수는 없지만, 미끼에 걸려들지 말지는 결정할 수 있다." 당신이 인생을 살며 촉발 사고를 피하는 건 불가능하다. 그러나 메타인지치료의 도움을 받으면 비록 개울이 촉발 사고로 가득하더라도 계속 헤엄치며 주변 세상에 감사할 줄 알게 된다. 생각을 억누르거나 억지로 사라지게 애쓰지 않아도 유유히 낚싯바늘을 지나치고 미끼에서 벗어날 줄 알게 된다. 우리는 삶을 지속하는 법을 배운다.

반추하는 습관을 빨리 통제하고 싶어 하거나 조바심 내는 내담자들에게는 도전 과제를 추가로 내준다. 삶에 뛰어들어보길 권한다. 새로운 모험을 하고 촉발 사고가 일어날 만한 경험을 과감히 시도해보는 것이다. 어쩌면 바로 지금이 상사와 껄끄러운 대화를 나눌 때일지도 모른다고 얘기해준다. 새로운 직장을 찾고, 지금껏 견뎌온 동네를 벗어날 때일지도 모른다. 우리가 정신없이 더 많은 경험을 하고 행동을 실천할수록, 반추하는 습관을 더 쉽게 떨쳐내고 통제력을 갖게 될 것이다. 이는 선순환을 일으켜 우리를 더 회복력 있고 슬픔과 우울증으로부터 보호할 수 있는 존재로 만들어줄 것이다. 내가 실제 상담센터에서 하는 치료법은 다음과 같다.

삶에 대처하는 연습

우리가 반추를 통제할 수 있다는 믿음을 가지려면 반드시 경험이 동반되어야 한다. 자전거 타는 법을 글로 배울 수 없는 것과 같다. 연습이 필요하다. 보조 바퀴 없이 넘어지지 않고 자전거를 탈 수 있다고 믿어야만 비로소 자전거를 탈 수 있게 된다.

내담자들에게 '메타마스터'를 설명할 때 "메타마스터는 자신의 촉발 사고를 알아차리고, 반추를 통제하며, 거리를 두는 마음챙김을 실천하는 능력에 숙달한 사람"이라고 말한다. 나는 내담자들에게 반복적으로 연습하길 권한다. 매일 몇 분씩 시간을 내어 자신의 촉발 사고를 알아차리고 거리를 두는 마음챙김의 도움을 받아 반추를 통제하는 연습을 해야 한다.

삶은 우리에게 촉발 사고를 유발하는 사건들을 계속 던져준다. 내담자들이 거리를 두는 마음챙김을 편하게 실천할 수 있을 때 다음과 같이 촉발 사고를 일으키는 상황에 맞닥뜨려 한 단계 더 성장할 수 있다.

- 열띤 토론을 하는 가족 구성원과 토론을 벌인다.

- 상사에게 연봉인상을 요구한다.
- 누군가에게 데이트 신청을 한다.
- 일상에서 벗어나 즉흥적인 일을 시도해본다.

촉발 사고에 대한 반응을 통제한 경험이 늘어날수록 통제력에 대한 믿음이 커질 것이다. 그리고 통제하고 있다는 믿음이 커질수록 우리의 반응을 더 잘 통제할 수 있게 된다. 삶을 피하지 않고 매일 삶에 대처하는 연습을 해야 한다.

생각은 중요하지 않지만
생각에 대한 당신의 반응은 중요하다.

에이드리안 웰스

- **주의력 훈련 기법**(ATT)

  Attention training technique

  내면의 사건(생각과 감정)과 외부 사건(주변 세상)과 무관하게 우리의 주의
  를 다른 곳으로 옮길 수 있음을 보여주는 인식 훈련이다.

- **인지주의 증후군**(CAS)

  cognitive attentional syndrome

  자주 사용되면 역효과를 낳고 우울증을 지속시키는 전략들이다. 반추
  나 걱정, 기분 점검, 기타 부적절한 대응 전략들이 포함된다.

- **거리를 두는 마음챙김**

  detached mindfulness

  생각의 흐름을 수동적으로 자각하는 것이다. 반추의 반대 개념이다.

- **메타인지적 신념**

  metacognitive beliefs

  당신이 가진 생각과 사고 과정에 대한 개념인데, 한마디로 당신의 생각
  에 대한 생각이다. 메타인지적 지식과 신념은 우리가 촉발 사고에 대해

얼마나 오랫동안 반추할지를 통제한다. 만약 우리가 반추를 통제할 수 있다고 믿지 않는다면 반추하는 시간을 제한하기 어려워진다.

- **반추**
  rumination

  우리의 사고 과정이다. 이것은 생각과 의견을 오래 숙고함으로써 문제에 대한 해결책을 찾고 질서를 찾는 것을 목표로 하는 전략이다. 문제는 지나치게 오래 반추할 때 역효과를 낸다는 것이다. 촉발 사고의 기차에 올라타면, 끊임없이 반추하고 기분이 더 나빠지며 몇 년 동안 지속될 수 있는 우울 증상을 겪을 가능성이 크다.

- **자기조절 실행 기능 모델(S-REF)**
  Self-Regulatory Executive Function Model

  웰스와 매튜스가 1994년에 제시한 마음의 자기 조절과 구조에 대한 메타인지 모델이다. 이 모델은 충동과 생각, 감정이 끊임없이 영향을 받는 하위 단계부터 생각을 어떻게 처리할지 전략을 세우는 중간 단계, 가능한 전략에 대한 지식을 갖고 있는 메타인지 단계까지 세 단계로 나뉜다.

- **촉발 사고**
  trigger thoughts

  반추로 이어질 가능성이 있는 생각이다. 일반적으로 매우 감정적인 생각들이다. 촉발 사고가 반추로 발전될지의 여부는 우리가 그 생각들을 처리하느냐 하지 않느냐의 결정에 달려 있다.

메타인지치료는 정신 건강이 좋지 않을 때 효과적인 단기 치료법이다. 이 방법은 매우 높은 성공률을 보인다. 6~12회의 메타인지치료로 이 치료법의 원리를 배우고 모든 단계를 수료할 수 있다. 약 80퍼센트의 내담자가 우울 증상에서 회복한다.

나는 메타인지치료를 할 때 전문성을 유지하는 것이 중요하다고 믿기 때문에 1:1 치료나 그룹 치료에 참여하고 싶은 사람이라면 최상의 결과를 얻기 위해 전문 자격을 갖춘 치료사를 선택하길 추천한다.

최근 한스 노르달 교수와 이 치료법의 창시자인 에이드리안 웰스 교수는 덴마크의 MCT 협회에서 새로운 치료사들의 교육과 자격 인증을 맡고 있다. 연수생의 약 60퍼센트만 이 과정을 통과하여 'MCT 협회 공인 치료사' 자격을 받는다. MCT-I에 등록된 심리치료사에게 최고의 메타인지치료를 받을 수 있을 것이다.

MCT 협회 공인 치료사들의 목록은 아래 링크 주소를 통해 확인할 수 있다.

https://mct-institute.co.uk/mct-registered-therapists

Callesen, P., Reeves, D., Heal, C. & Wells, A. (2020) Metacognitive Therapy versus Cognitive Behaviour Therapy in Adults with Major Depression: A Parallel Single-Blind Randomised Trial, Scientific Reports, volume 10.

Callesen, P., Jensen, A.B. & Wells, A. (2014). Metacognitive therapy in recurrent depression: A case replication series in Denmark. Scandinavian Journal of Psychology, 55(1), 60-64.

Cuijpers P, Hollon SD, van Straten A, Bockting, C, Berking, M & Andersson, G. (2013). Does cognitive behaviour therapy have an enduring effect that is superior to keeping patients on continuation pharmacotherapy? A metaanalysis. BMJ Open;3: e002542.

Dammen, T., Papageorgiou, C. & Wells, A. (2015). An open trial of group metacognitive therapy for depression in Norway. Nordic Journal of Psychiatry, 69(2), 126-131.

Diagnostic and statistical manual of mental disorders: DSM-5 (2013). Washington, D.C.: American Psychiatric Association.

Hagen, R., Hjemdal, O., Solem, S., Kennair, L.E.O., Nordahl, H.M.,

Fisher, P. & Wells, A. (2017). Metacognitive Therapy for Depression in Adults: A Waiting List Randomized Controlled Trial with Six Months Follow-Up. Frontiers in Psychology. 8:31.

Hollon, SD. DeRubeis, J., Shelton, C., Amsterdam, D., Salomon, R., O'Reardon, J., Lovett, M., Young, P., Haman, K., Freeman, B. & Gallop, R. (2005) Prevention of Relapse Following Cognitive Therapy vs Medications in Moderate to Severe Depression, Arch Gen Psychiatry;62:417-422.

Jordan, J., Carter, J.D., McIntosh, V.V., Fernando, K., Frampton, C.M., Porter, R.J., Mulder, R.T., Lacey, C. & Joyce, P.R. (2014). Metacognitive therapy versus cognitive behavioural therapy for depression: a randomized pilot study. Australian and New Zealand Journal of Psychiatry, 48 (10): 932-943.

Kirsch, I. (2009). Antidepressants and the placebo response. Epidemiology and Psychiatric Sciences, 18(4), 318-322.

Normann, N., Emmerik, A.A. & Morina, N. (2014). The efficacy of metacognitive therapy for anxiety and depression: A meta-analytic review. Depression and Anxiety, 31(5), 402-411.

Papageorgiou, C & Wells, A. (2000). Treatment of recurrent major depression with Attention Training. Cognitive and Behavioral Practice, 7(4), 407-413.

Papageorgiou, C. & Wells, A. (2003). An empirical test of a clinical metacognitive model of rumination and depression. Cognitive Therapy and Research, 27(3), 261-273.

Papageorgiou, C. & Wells, A. (2004). Depressive rumination: Nature, theory and treatment: John Wiley & Sons.

Papageorgiou, C. & Wells, A. (2014). Group Metacognitive Therapy for Severe Antidepressant and CBT Resistant Depression: A Baseline-Controlled Trial. Cognitive Therapy and Research, 39(1), 14-22.

Turner, E.H., Matthews, A.M., Linardatos, E., Tell, R.A. & Rosenthal, R. (2008). Selective publication of antidepressant trials and its influence on apparent efficacy. New England Journal of Medicine, 358(3), 252-260.

Wells, A. (2005). Detached Mindfulness in Cognitive Therapy: A Metacognitive Analysis and Ten Techniques. Journal of Rational-Emotive and Cognitive-Behavior Therapy, 23(4), 337-355.

Wells, A. (2009). Metacognitive therapy for anxiety and depression. New York: Guilford.

Wells, A. (2000). Emotional disorders and metacognition: Innovative cognitive therapy. Chichester, UK: Wiley.

Wells, A. (2007). The attention traning technique: Theory, effects and a metacognitive hyporthesis on auditory hallucinations. Cognitive and Behavioural Practice, 14, 134-138.

Wells, A. & Fisher, P. (2016). Treating Depression. MCT, CBT and Third Wave Therapies. Wiley-Blackwell.

Wells, A., Fisher, P., Myers, S., Wheatley, J., Patel, T. & Brewin,

C. (2009). Metacognitive Therapy in Recurrent and Persistent Depression: A Multiple-Baseline Study of a New Treatment. Cognitive Therapy and Research, 33(3), 291-300.

Wells, A., Fisher, P., Myers, S., Wheatley, J., Patel, T. & Brewin, C.R. (2012). Metacognitive therapy in treatment-resistant depression: A platform trial. Behaviour Research and Therapy, 50(6), 367-373.

Wells, A. & Matthews, G. (1996). Modelling cognition in emotional disorder: The S-REF model. Behaviour Research and Therapy, 34(11), 881-888.

Wells, A. & Matthews, G. (1994). Attention and Emotion: A Clinical Perspective. Hove, UK: Erlbaum.

생각이 많아 우울한 걸까,
우울해서 생각이 많은 걸까?

초판 1쇄 발행 2022년 09월 15일
초판 2쇄 발행 2022년 10월 20일

지은이 피아 칼리슨
옮긴이 이현주
펴낸이 김기용 김상현

편집 전수현 김승민　　**디자인** 이현진　　**마케팅** 조광환 김정아 박지훈
콘텐츠홍보 김지우 조아현 송유경 성정은　　**경영지원** 홍성현

펴낸곳 필름(Feelm) 출판사
등록번호 제2019-000086호　　**등록일자** 2016년 6월 13일
주소 서울시 영등포구 양평로30길 14, 세종앤까뮤스퀘어 907호
전화 070-8810-6304　　**팩스** 070-7614-8226
이메일 book@feelmgroup.com

필름출판사 '우리의 이야기는 영화다'

우리는 작가의 문체와 색을 온전하게 담아낼 수 있는 방법을 고민하며 책을 펴내고 있습니다.
스쳐가는 일상을 기록하는 당신의 시선 그리고 시선 속 삶의 풍경을 책에 상영하고 싶습니다.

홈페이지 feelmgroup.com　　**인스타그램** instagram.com/feelmbook

ISBN 979-11-92403-11-3 (03180)